LAROUSSE

Langues orientales

Lire et écrire le japonais

Helen Gilhooly

Rozenn Etienne

LAROUSSE

目次 – Sommaire

はじめに – Introduction

La langue japonaise a présenté de telles difficultés pour les jésuites français et portugais du XVIe siècle qu'ils l'ont surnommée la « langue du diable ». Pourtant, de nombreuses caractéristiques de la langue japonaise nous laissent entrevoir qu'il en va tout autrement. La grammaire, par exemple, suit des règles logiques et ne connaît pas d'irrégularités.

La lecture et l'écriture sont, en revanche, plus difficiles !

Cet ouvrage se propose de vous faire découvrir l'écriture japonaise en vous guidant pas à pas, ce qui vous permettra d'accroître progressivement vos connaissances, aussi bien en lecture qu'en écriture.

Notre but est de vous montrer que le japonais écrit peut être intéressant et amusant à apprendre.

Au Japon, l'apprentissage de la langue écrite se fait au cours des neuf années de scolarité obligatoire. L'écolier japonais doit, à la fin de cette période, connaître 1945 kanji ou caractères chinois.

C'est le nombre de base défini par le Ministère de l'Éducation nationale japonais, nécessaire pour lire des textes simples tels que les articles de journaux. Il existe, en réalité, un nombre beaucoup plus important de kanji – plus de 5000 dans de nombreux dictionnaires – utilisés dans des textes plus spécialisés.

Bref aperçu historique

Le système d'écriture japonais a été introduit au Japon par les Chinois aux alentours du milieu du VIe siècle avant J.-C. Toutefois, la structure du chinois est très différente de celle du japonais. Il a donc été nécessaire d'adapter progressivement ce système d'écriture à la langue japonaise.

Le japonais écrit est constitué de trois types d'écriture, voire quatre si on inclut l'écriture en rōmaji ou écriture latine, c'est-à-dire notre alphabet.

Voici une rapide description de ces différents types d'écriture.

漢字 Kanji

Kan est un terme ancien signifiant « Chine » et ji signifie « lettre » ou « caractère ». Kanji signifie donc caractère chinois. C'est ce type d'écriture qui a été inventé par les Chinois et introduit au Japon.

Les kanji sont des idéogrammes. Ainsi, un seul caractère est à même de représenter une signification ou une idée. Dans le système alphabétique, plusieurs lettres sont nécessaires pour former des mots. Par exemple, 日 est le kanji de « soleil ».

Les kanji étaient à l'origine des représentations de la nature. Puis ils ont petit à petit pris des formes régulières pour parvenir aux caractères que nous connaissons aujourd'hui. Par exemple : 日, « soleil », s'est formé de cette façon :

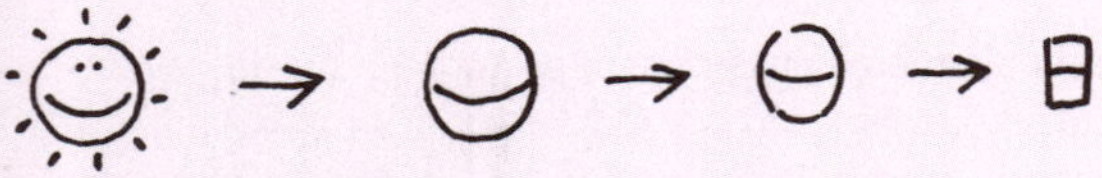

Vous découvrirez cela plus en détail dans le chapitre 1.

Il y a, en général, plus d'une prononciation pour un kanji. Il existe deux types de prononciations connues sous le nom de onyomi, lecture chinoise, et kunyomi, lecture japonaise.

Vous découvrirez cela plus en détail dans le chapitre 2.

かな Kana

Les deux autres types d'écriture sont les hiragana et les katakana, appelés kana. Ce sont des alphabets phonétiques ou syllabaires, ce qui signifie que chaque symbole représente un seul son. Dans notre système alphabétique, les lettres sont regroupées en sons et une même lettre peut parfois se prononcer de différentes façons selon les lettres qui la suivent ou la précèdent.

Les hiragana et katakana représentent le même ensemble de 46 sons de base, mais les signes ne sont pas écrits de la même façon et ils n'ont pas les mêmes utilisations, comme nous le verrons dans les rubriques suivantes.

ひらがな Hiragana

Le mot hiragana signifie « arrondi », « facile à utiliser ». Il témoigne à la fois de la forme et de la simplicité des signes. Chaque signe a été créé à partir d'un kanji simplifié ayant la même prononciation. Par exemple, le signe か, ka, est une version simplifiée du kanji 加 prononcé **ka**. La partie gauche est restée inchangée dans le hiragana et le « rectangle » de droite est devenu un petit trait oblique.

Les hiragana sont utilisés pour les parties grammaticales des mots et des phrases et pour écrire les mots pour lesquels il n'existe pas de kanji.

Vous découvrirez cela plus en détail dans les chapitres 5 et 10.

Les enfants japonais commencent par apprendre les hiragana puis ils remplacent petit à petit, au cours de leur apprentissage, les mots et parties de mots en hiragana par des kanji.

Les hiragana sont aussi utilisés pour donner la prononciation d'un kanji quand celle-ci est rare ou quand le kanji est abordé pour la première fois. Dans ce cas, ces hiragana sont nommés furigana et sont écrits au-dessus ou en dessous des kanji.

カタカナ Katakana

Le **kata** de **katakana** signifie « partiel » ; en effet, chaque signe a été créé à partir d'une partie d'un kanji ayant la même prononciation. Par exemple, le katakana カ, ka, est issu de la partie gauche du kanji 加, prononcé **ka**. Ici, c'est le même kanji qui a donné naissance au hiragana et au katakana. Ce n'est cependant pas toujours le cas.

Les katakana représentent le même ensemble de sons que les hiragana mais les signes ne sont pas écrits de la même façon et ils n'ont pas les mêmes utilisations. Les hiragana ont un tracé plus arrondi alors que les katakana ont un tracé plus sec.

Vous trouverez cette distinction plus claire une fois que vous aurez vu les chapitres 5 et 9.

Les katakana ont plusieurs utilisations. Ils servent, tout d'abord, à transcrire les mots étrangers. On compte deux catégories :

1. Les emprunts

Par exemple :

ウォークマン	wōkuman	walkman®
テレビ	terebi	télévision

2. Les noms étrangers

Par exemple, les noms de pays, de ville et les patronymes :

アメリカ	amerika	Amérique
パリ	pari	Paris
モロー	morō	Moreau

Il existe aussi deux autres façons d'utiliser les katakana pour transcrire, cette fois-ci, des mots japonais :

3. Pour donner plus de force à certains mots

Les katakana font ressortir - dans les publicités, notamment - les mots comme le ferait une écriture en gras, en italique ou en capitales.

4. La classification des plantes et des animaux

Description de cet ouvrage

Les chapitres 1 à 4 vous présentent principalement des kanji créés à partir de représentations de la nature. Environ 3 % des kanji appartiennent à cette catégorie mais, comme vous le verrez ultérieurement, ils sont aussi utilisés en tant que composants de kanji plus complexes.

Le chapitre 4 et les chapitres de 6 à 8 vous indiqueront comment décoder ces kanji plus complexes grâce à des outils qui vous permettront de poursuivre votre apprentissage, au-delà de cet ouvrage. Vous découvrirez de nombreuses aides et vous apprendrez à construire des histoires afin de mémoriser les significations des kanji.

Les chapitres 8 et 10 vous offriront la possibilité de mettre en pratique vos connaissances. Le chapitre 8 vous présente un grand nombre de mots à caractère pratique utilisés dans les pancartes que vous rencontrerez au Japon, notamment dans les gares, les restaurants ou les hôtels.

Le chapitre 10, quant à lui, vous propose de lire de nombreux textes et vous aide à les décoder pour en découvrir le sens. Vous verrez aussi différents types d'écriture, aussi bien manuscrite qu'imprimée.

Deux chapitres sont consacrés aux syllabaires : le chapitre 5 traite des hiragana et le chapitre 9 des katakana. De nombreuses activités et idées vous aideront à apprendre et à mémoriser ces syllabaires. Vous pouvez laisser ces chapitres de côté et y revenir plus tard si votre souhait est principalement d'apprendre les kanji. Néanmoins, si vous voulez poursuivre votre apprentissage du japonais, la connaissance de ces deux syllabaires est essentielle.

i Ce symbole indique une aide, une astuce ou encore une information culturelle.

À votre rythme

- Souvenez-vous que c'est VOUS qui fixez votre propre rythme. N'oubliez pas de vous amuser en apprenant !
- Trouvez un juste équilibre entre la découverte de nouveaux points et la révision des points déjà abordés.
- Construisez-vous un ensemble de petites cartes mémo pour les kanji.

Les contributeurs

Helen Gilhooly a vécu et travaillé au Japon. Chargée de cours à l'université de Nottingham, elle possède une expérience approfondie de l'enseignement du japonais auprès des adultes et des adolescents. Elle a aussi réalisé de nombreuses méthodes d'apprentissage du japonais.

Rozenn Etienne a une double vie : le jour, cette jeune femme enseigne l'anglais dans un collège de la banlieue parisienne, et la nuit elle traduit des katakana, des hiragana et des kanji dont la subtilité n'a guère de secrets pour elle.
Cette lauréate de la Fondation du Japon, titulaire d'un DESS de traductique aux Langues orientales, a fait ses études à Kōbe, après être passée par l'université de Paris 7, et parle avec aisance un nombre impressionnant de langues - autant de ponts jetés entre les cultures.

第一課 – Chapitre 1

Formation des kanji

Dans ce chapitre

- Vous découvrirez comment l'écriture japonaise a été créée à partir de dessins.
- Vous apprendrez à lire les jours de la semaine.
- Vous commencerez à écrire en japonais.

はじめに Introduction

Vous avez découvert, dans l'introduction générale, l'histoire et le développement du système d'écriture japonais, notamment les trois types d'écriture suivants : ひらがな (hiragana), カタカナ (katakana) et 漢字(kanji).

Les quatre premiers chapitres auront pour thème les 漢字 (kanji). Ainsi, à la fin du chapitre 4, vous saurez déjà reconnaître 58 漢字 (kanji) et vous pourrez aussi comprendre quelques mots résultant de la combinaison de ces caractères. Les 漢字 (kanji) sont des idéogrammes. Cela signifie qu'un caractère représente un mot ou une idée.

日 est le 漢字 (kanji) qui symbolise le soleil.

月 est le 漢字 (kanji) qui symbolise la lune.

Comme vous l'avez vu précédemment, les 漢字 (kanji) représentaient, à l'origine, divers éléments du monde tel que les Chinois les percevaient. Au fil du temps, ces dessins ont pris des formes régulières et se sont dotés de règles d'écriture. Cependant, les dessins à partir desquels les 漢字 (kanji) se sont formés peuvent vous aider à mémoriser les significations.

Observez les transformations suivantes :

日 (soleil) s'est formé de cette façon :

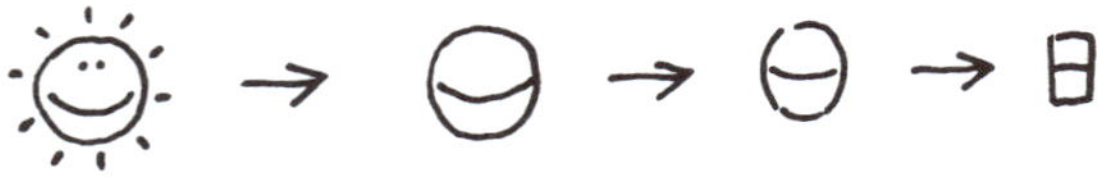

Ce caractère signifie non seulement « soleil » mais aussi « jour ». Ces deux concepts de « jour » et de « soleil » sont liés. En effet, le lever et le coucher du soleil définissent le jour.

月 (lune) s'est formé de cette façon :

Ce caractère signifie non seulement « lune » mais aussi « mois». Ici encore, ces deux concepts sont liés, la durée d'un mois (28 jours) étant mesurée grâce au cycle de chaque nouvelle lune.

Ces deux exemples montrent que les 漢字 (kanji) n'ont pas forcément une seule signification et qu'ils peuvent, au contraire, représenter plusieurs idées.

À vous de jouer !

Nous allons ici vous demander de trouver, par vous-même, la signification de 漢字 (kanji) en les associant aux éléments qu'ils représentent. Les premiers 漢字 (kanji) ont tous trait à la nature et au monde tels qu'ils étaient perçus en Chine antique. Regardez tout d'abord les dessins (**1** à **12**) puis essayez de les associer aux 漢字 (kanji) (**a** à **l**). Observez bien la forme des dessins pour faire vos associations.

がんばって (ganbatte) Bon courage !

1.

or

2.

arbre

3.

bois

4.

forêt

5.

montagne

6.

pierre

7.
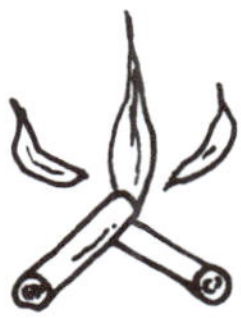
feu

8.

eau

9.

bambou

10.

sol ou terre

11.

rivière

12.
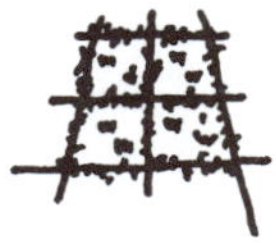
rizière

a. 山.......... **c.** 金.......... **e.** 竹.......... **g.** 木.......... **i.** 森.......... **k.** 土..........

b. 川.......... **d.** 田.......... **f.** 火.......... **h.** 林.......... **j.** 水.......... **l.** 石..........

Vérifiez vos réponses p. 184 puis regardez à nouveau les dessins en essayant d'imaginer comment ils ont pu donner naissance aux 漢字 (kanji) actuels.

Associer les kanji aux dessins (1)

Vous trouverez ci-dessous les étapes, à rebours, du 漢字 actuel vers le dessin d'origine.

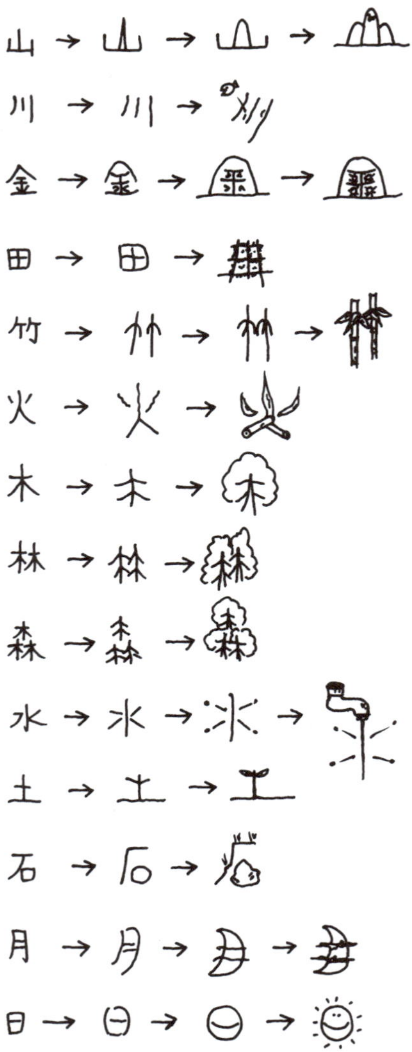

漢字 (kanji) Caractère	絵 (e) Dessin	フランス語 Français
山		montagne
川		rivière
金		or ou argent (monnaie)
田		rizière
竹		bambou
火		feu
木		arbre
林		bois
森		forêt
水		eau
土		terre
石		pierre
月		lune
日		soleil

Avez-vous remarqué que deux arbres constituent un bois et que trois arbres forment une forêt ? Vous en saurez plus à propos de ce type de 漢字 (kanji) dans le chapitre 2.

練習一 Activité 1

Avez-vous bien mémorisé les 漢字 (kanji), que nous avons vus jusqu'ici, ainsi que leur signification ? Testez vos connaissances en associant, comme dans l'exemple 1, chaque 漢字 (kanji) à sa signification en français.

漢字	Signification
1. 山	a. eau
2. 石	b. lune
3. 火	c. terre
4. 竹	d. rivière
5. 金	e. arbre
6. 水	f. forêt
7. 田	g. feu
8. 林	h. pierre
9. 川	i. soleil
10. 土	j. montagne
11. 木	k. rizière
12. 森	l. bambou
13. 日	m. bois
14. 月	n. or

Les jours de la semaine

Regardez les 漢字 (kanji) suivants et mémorisez leurs significations.

月	火	水	木	金	土	日
lune	feu	eau	arbre	or	terre	soleil

Ces 漢字 (kanji) sont aussi utilisés pour représenter la première partie des noms des jours de la semaine. 月 est la première partie de lundi, 火 est la première partie de mardi et ainsi de suite.

Voici quelques astuces pour retenir les 漢字 (kanji) des jours de la semaine.

- 月 La lune représente **lun**di.

- 火 Le feu représente **mar**di.
Mars étant le dieu de la guerre, il suffit de lui associer le feu et vous pourrez vous souvenir aisément que le jour du feu est le **mar**di.

• 水 L'eau représente **mer**credi, jour de **Mer**cure.
En vous rappelant que le mercure est un métal liquide et, en cela, qu'il se rapproche de l'eau, vous devriez retenir que le jour de l'eau est **mer**credi.

• 木 L'arbre représente **jeu**di.
Autrefois, les enfants n'avaient pas école le jeudi, ils pouvaient donc aller faire des cabanes dans les arbres le jeudi. Vous pouvez donc associer « arbre » et « jeudi ».

• 金 L'or ou l'argent (monnaie) représente le **ven**dredi, jour de Vénus.
On peut associer la déesse de l'amour à l'argent. En effet, on parle parfois d'amour vénal. Ainsi donc, on peut établir une relation entre argent et Vénus et, de ce fait, entre argent et **ven**dredi.

• 土 La terre ou le sol représente le **samedi.**
C'est le début du week-end et donc le jour idéal pour travailler dans le jardin.

• 日 Le soleil représente le **dimanche**.
Dimanche est en effet un jour où on peut profiter du soleil.

練習二 Activité 2

Associez les 漢字 (kanji) (colonne de gauche) aux jours de la semaine (colonne de droite) qui conviennent.

1. 火	a. lundi
2. 日	b. mardi
3. 土	c. mercredi
4. 水	d. jeudi
5. 月	e. vendredi
6. 金	f. samedi
7. 木	g. dimanche

読む練習一 Exercice de lecture (1)

Tout au long de cet ouvrage, cette rubrique vous donnera l'occasion de mettre en pratique vos compétences en matière de lecture de 漢字 (kanji).

Les 漢字 (kanji) de l'activité 2 représentent la première partie des mots utilisés pour les jours de la semaine. En réalité, on utilise trois caractères pour les jours de la semaine. Les deux autres 漢字 (kanji) sont 曜日; ils signifient « jour ». Vous connaissez déjà le caractère 日 et savez qu'il veut dire « jour ». 曜 représente le concept de « jour de la semaine ». Mais souvenez-vous plutôt de ces deux caractères comme d'un bloc qui serait équivalent à « **di** » la partie commune aux jours de la semaine, lun**di**, mar**di** (à l'exception du dimanche).

Voici l'écriture complète des jours de la semaine :

月曜日	lundi
火曜日	mardi
水曜日	mercredi
木曜日	jeudi
金曜日	vendredi
土曜日	samedi
日曜日	dimanche

Quand deux 漢字 (kanji) ou plus sont associés pour produire de nouveaux termes ou significations, on les appelle des 熟語 (jukugo) ou « (kanji) composés ». Nous verrons cela plus en détail dans le chapitre 2.

Vous verrez souvent, sur les calendriers ou les agendas, les jours de la semaine représentés uniquement par le premier 漢字 (kanji). C'est l'équivalent de nos abréviations : lun, mar, mer.

練習三 Activité 3

Le document suivant est un extrait du programme de concerts d'un club à Tokyo. Vous pourrez remarquer que les noms des groupes sont en anglais, pour certains. Il est en effet à la mode, dans le monde de la musique – et pas uniquement – d'utiliser l'anglais pour les noms de groupes et les titres de chansons. Les jours de la semaine où auront lieu les concerts sont écrits entre parenthèses à côté de la date (du 5 au 27). Vous pouvez remarquer que seul le premier 漢字 (kanji) de chaque jour de la semaine est utilisé. Essayez maintenant de répondre aux questions suivantes.

Quel jour de la semaine ont lieu les concerts suivants ?

1. AKI & KUNIKO ....
2. J.J. MILTEAU ....
3. MIKANIC ....
4. ONO HAS COME ....

Combien de concerts ont lieu :

5. un jeudi ? ....
6. un vendredi ? ....
7. un mardi ? ....
8. Quel jour de la semaine le club est-il fermé ? ....
9. Quels jours de la semaine ne figurent pas dans le programme ? ....

7月	5日 (火)	AKI & KUNIKO with Sachio Suginuma			
		開場18:30	開演19:30	¥ 3,000
7月	6日 (水)	sakura project		
		開場 18:00	開演 19:00	¥ 3,000
7月	7日 (木)	TOMOVSKY		
		開場 19:00	開演 20:00	¥ 4,000
7月	11日 (月)	パリの風のあなたに		
	石原 歩	Jean-Louis Beydon		
		開場 18:30	開場 19:30	¥ 4,000
7月	12日 (火)	MEG NIGHT FEVER		
		開場 18:00	開場 19:00	¥ 4,700
7月	14日 (木)	Closed for special event		
7月	15日 (金)	ONO HAS COME Vol.2 2人きりトークライブ		
		小野 正利 江口 正祥		
		開場18:00	開場 19:00	¥ 5,000
7月	21日 (木)	MIKANIC ミカニック Mikanic Japan Tour in Tokyo		
		開場 18:30	開場 19:30	¥ 3,900
7月	27日 (水)	J.J. MILTEAU JAPAN TOUR 2005-07-14		
		« with soul mates & Many Japanese Harmonica Players. »		
		ジャン.ジャック ミルトゥ(fromフランス) with 松田 幸一		
		開場18:30	開場 19:30	¥ 5,000

書く練習一 Exercice d'écriture (1)

Nous allons vous présenter dans cette rubrique les règles de base d'écriture de 漢字 (kanji). Vous allez apprendre d'autres règles dans le chapitre 2. Vous mettrez alors en pratique vos connaissances en écrivant les 漢字 (kanji) que vous avez appris. Les règles d'écriture des 漢字 (kanji) sont très précises et les écoliers japonais passent un grand nombre d'heures à apprendre et à tracer les caractères en respectant un ordre de traits bien précis pour chaque 漢字 (kanji) (c'est, d'une certaine façon, ce que font les écoliers français avec l'alphabet). Chaque partie d'un 漢字 (kanji) est appelée « trait » et l'ordre selon lequel les 漢字 (kanji) sont écrits est appelé « ordre des traits », 書き順, (kakijun).

Les Japonais utilisent du papier quadrillé quand ils apprennent à écrire. Ainsi, tous les caractères sont de la même taille et bien équilibrés. Si vous le pouvez, utilisez, lors de votre première phase d'apprentissage, du papier millimétré dont le quadrillage est subdivisé en quatre petits carrés. Cela vous aidera à équilibrer aussi bien les parties de droite et de gauche que les parties supérieure et inférieure de chaque 漢字 (kanji). Vous pouvez aussi vous servir de papier millimétré ordinaire et prendre quatre petits carrés pour en obtenir un plus grand. Les 漢字 (kanji) des premiers chapitres seront tracés dans ce type de carré, de telle sorte que vous pourrez les recopier à l'identique.

Une fois que vous aurez acquis de l'assurance, vous pourrez utiliser des carreaux plus petits ou sans quadrillage.

Voici quelques règles de base pour débuter ainsi que des exemples à recopier :

Règle n°1

Les traits horizontaux des 漢字 sont tracés de gauche à droite.

例 (rei) Exemple : trois

Règle n° 2

Les traits verticaux se tracent du haut vers le bas.

例 (rei) Exemple : rivière

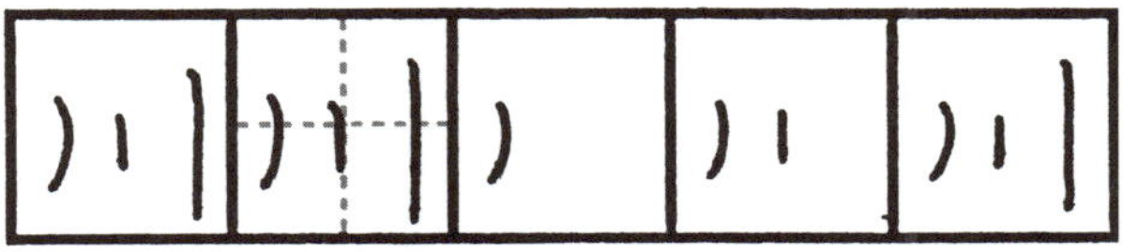

Règle n° 3

Quand un caractère présente une intersection de traits horizontaux et verticaux, on commence généralement par tracer d'abord le trait horizontal (mais il y a des exceptions).

例 (rei) Exemple : terre

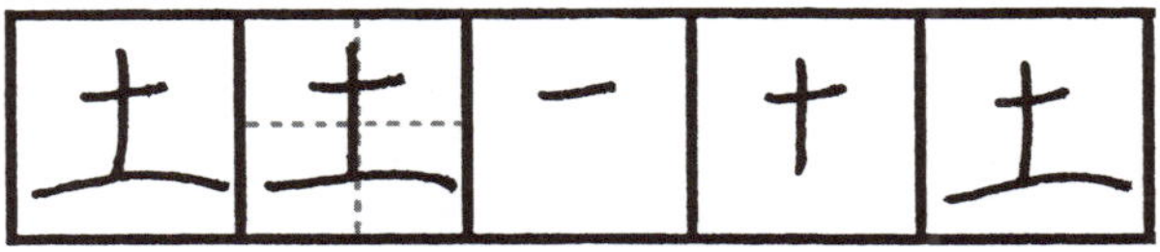

Remarquez que l'on trace du haut vers le bas, le dernier trait étant le trait horizontal.

Règle n° 4

Une diagonale à gauche se trace avant une diagonale à droite.

例 (rei) Exemple : arbre

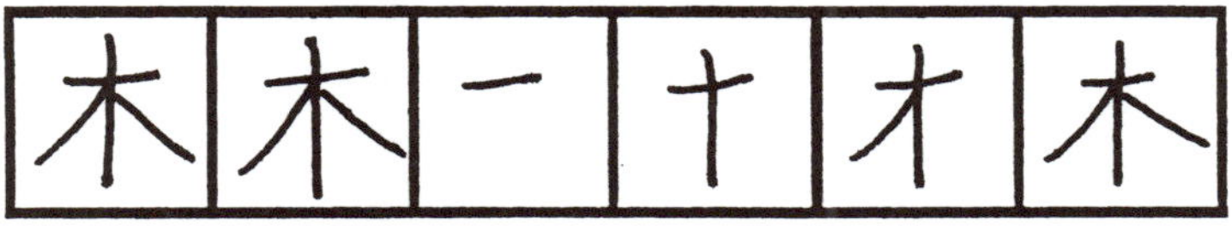

Règle n° 5

Voici l'ordre des traits pour tracer un kanji carré.

Règle n° 6

Quand le carré contient d'autres traits que les quatre traits qui le constituent, il convient de tracer tout d'abord ces traits avant de tracer le trait horizontal qui forme la base du carré.

例 (rei) Exemple : soleil

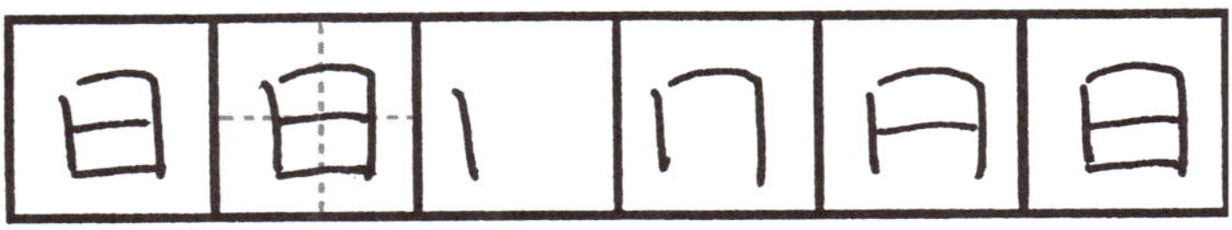

Vous pouvez combiner ces règles pour tracer « pierre ».

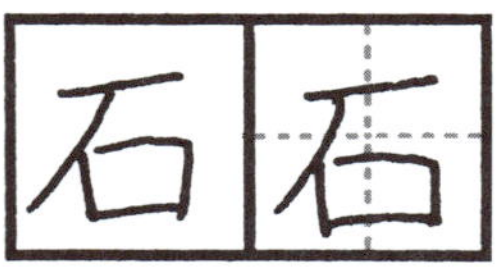

En utilisant ces règles, vous pouvez écrire les 漢字 (kanji) suivants :

三	川	土	木	日	石
trois	rivière	terre	arbre	soleil	pierre

Maintenant, essayez de voir si vous arrivez à les écrire sur du papier quadrillé en respectant, de mémoire, l'ordre des traits. Pour vérification, reportez-vous aux règles ci-dessus, une fois que vous avez terminé.

Enfin, même s'il est important de comprendre et d'appliquer les règles de base d'écriture de 漢字 (kanji), l'ordre des traits de certains caractères ne correspond pas aux règles.

Il est, de ce fait, nécessaire d'apprendre l'ordre des traits pour chaque 漢字 (kanji) et de s'entraîner. Ne vous focalisez pas sur ce point, car « c'est en forgeant qu'on devient forgeron ». C'est en traçant les 漢字 (kanji) un grand nombre de fois, tout en vous concentrant sur l'ordre des traits, que l'ordre correct s'imposera à vous. Vous commencerez aussi à développer votre propre façon de mémoriser l'ordre des traits et réussirez même à l'appliquer pour écrire des 漢字 (kanji) plus compliqués.

Nous vous donnerons de nombreux conseils dans les rubriques consacrées à l'écriture.

まとめ Synthèse

Cette rubrique sera consacrée, dans chaque chapitre, à la synthèse des principaux points du chapitre.

En outre, vous trouverez un test en fin des chapitres 2, 4, 6 et 8, qui vous permettra d'évaluer votre connaissance des 漢字 (kanji) précédemment abordés.

Dans ce chapitre :
- Vous avez appris 14 漢字 (kanji).
- Vous avez découvert sept composés (jours de la semaine).
- Vous avez appris six règles d'écriture de base.

Les termes suivants ont été utilisés comme titres dans ce chapitre :

第一課	dai ikka	Chapitre 1
はじめに	hajime ni	Introduction
漢字	kanji	Kanji (caractère chinois)
練習	renshū	Activité ou exercice
書く練習	kaku renshū	Exercice d'écriture
読む練習	yomu renshū	Exercice de lecture
例	rei	Exemple
まとめ	matome	Synthèse

D'autres mots clés sont donnés dans la conclusion du chapitre 2. Il vous suffit de vous y reporter si vous voulez dire en japonais les noms de parties et sous-parties utilisés dans cet ouvrage.

第二課 – Chapitre 2

Lire les kanji

Dans ce chapitre

- Vous ajouterez de nouveaux 漢字 (kanji) aux 14 que vous avez déjà appris.
- Vous apprendrez la prononciation japonaise de ces 漢字 (kanji).
- Vous appliquerez vos connaissances à la lecture.
- Vous découvrirez encore plus en détail le système d'écriture japonais.

はじめに Introduction

1. Vous souvenez-vous de la signification des 漢字 que vous avez vus au cours du chapitre 1 ? Nous les avons fait figurer dans la liste suivante. Regardez-les et testez-vous ! En cas de doute, reportez-vous au chapitre 1.

   ・山 ・川 ・日 ・月 ・土 ・竹 ・森 ・木 ・水 ・田 ・金 ・林 ・火 ・石

2. Vous souvenez-vous des 漢字 des jours de la semaine ? En voici la forme pleine. Souvenez-vous que c'est le premier 漢字 qui permet de connaître le jour de la semaine.

   ・月曜日 ・日曜日 ・土曜日 ・木曜日 ・火曜日 ・水曜日・金曜日

À nouveau, reportez-vous au chapitre 1 si vous n'êtes pas sûr(e) de vous.

À vous de jouer !

Tout comme dans le chapitre 1, nous vous présentons, dans cette rubrique, de nouveaux 漢字 par le biais des dessins qui en sont à l'origine. La plupart des 漢字 de ce chapitre ont un lien avec le corps humain. Associez les dessins (**1** à **12**) aux 漢字 (**a** à **l**) de la page suivante (sans regarder les réponses, bien sûr !). Vous aurez peut-être besoin d'incliner deux dessins afin de les associer aux 漢字.

1.

porte

2.

cheval

3.

oreille

4.

enfant

5.

femme

6.

bouche

7.

œil

8.

pied

9.

main

10.

force ou puissance

11.

voiture ou véhicule

12.

personne

a. 口	c. 目	e. 子	g. 耳	i. 力	k. 馬
b. 足	d. 女	f. 人	h. 手	j. 車	l. 門

Associer les kanji aux dessins (2)

Vous trouverez ci-dessous les étapes, à rebours, du 漢字 actuel vers le dessin d'origine. Utilisez ces étapes pour vérifier vos réponses précédentes.

漢字 Kanji	絵 (e) Dessin	フランス語 Français
人		personne
女	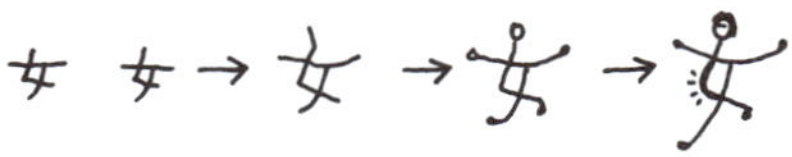	femme
子	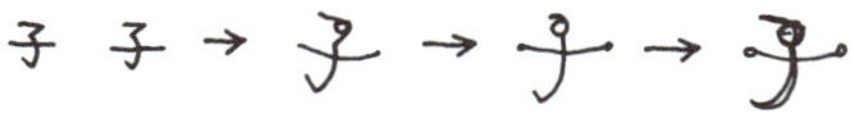	enfant
目		œil
耳		oreille
口	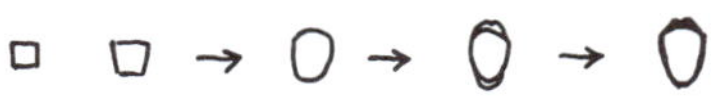	bouche
手		main
足		pied
力	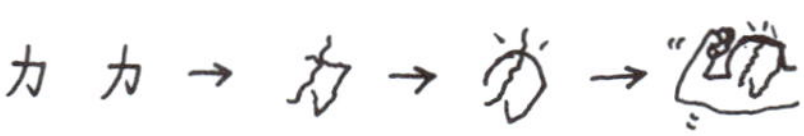	force ou puissance
馬	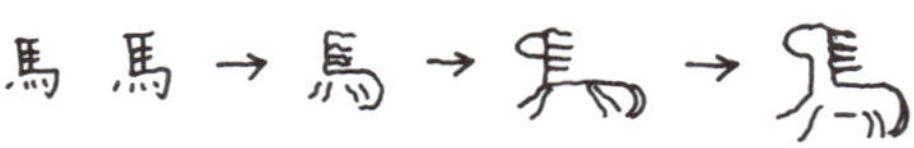	cheval
車	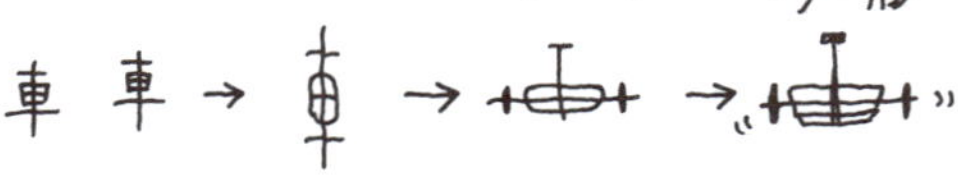	voiture ou véhicule
門	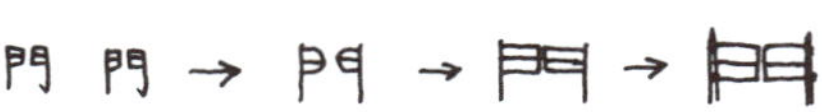	porte

Dans cet ensemble de nouveaux 漢字 figure un nom abstrait, 力 (« force » ou « puissance »), représenté par le biais du dessin d'un biceps. Il est également intéressant de remarquer que 車 a été créé à partir du dessin d'une charrette, véhicule utilisé à l'époque où les 漢字 se sont développés. Depuis, ce caractère a pris la signification de « voiture ».

Construction de kanji

Ce paragraphe, dans ce chapitre et au fil de l'ouvrage, vous présentera de nouveaux 漢字 ainsi que des mots nouveaux formés à partir des 漢字 que vous aurez vus.

1. Kanji complexes

Les 漢字, sous forme de pictogrammes que vous avez vus, peuvent non seulement être utilisés seuls mais aussi pour former des 漢字 plus complexes. Vous avez déjà vu deux 漢字 de ce type dans le chapitre 1. Il s'agit de 林 et de 森. Ils sont tous les deux formés à partir de 木 (« arbre »), deux arbres formant un bois et trois, une forêt.

Voici quatre autres 漢字 construits à partir de 漢字 simples que vous connaissez déjà.

La signification du 漢字 d'origine est conservée dans le 漢字 complexe. La forme, en revanche, peut être légèrement modifiée ou quelque peu « compressée ».

- 男 « homme ». Ce caractère est composé de 田 « rizière » et 力 « force ». L'**homme** utilise sa **force** pour travailler dans les **rizières**.

- 好 « aimer ». Ce caractère est composé de 女 « femme » et 子 « enfant ». L'idée abstraite d'**amour** est exprimée par le biais de l'amour maternel qui unit une **femme** et son **enfant**.

- 明 « éclatant ». Ce caractère est composé de 日 « soleil » et 月 « lune ». Le **soleil** et la **lune** brillant de concert créeraient une lumière **éclatante**.

- 本 « racine » ou « origine ». Un **arbre** pourvu d'une **ligne** horizontale qui en traverse le tronc indique la **racine** de cet arbre.

Nous verrons plus en détail, au cours du chapitre 4, les 漢字 complexes. Mais vous avez certainement déjà remarqué, avec ces exemples, que bien connaître les 漢字 simples peut vous aider à déchiffrer les 漢字 plus complexes.

2. Kanji composés

Les quatre 漢字 complexes que vous venez de voir sont chacun nés de la combinaison de 漢字 plus simples. Il est aussi possible de former des mots en associant deux ou trois 漢字. Vous avez déjà vu cela avec les jours de la semaine. Trois 漢字 séparés sont utilisés pour constituer un jour. Par exemple, 月曜日 signifie lundi. Voici d'autres exemples de ce type :

• 人口 signifie « population ». (personnes + bouches = nombre de bouches à nourrir)

• 馬力 signifie « cheval-vapeur », « puissance ».

• 女子 signifie « fille » (femme + enfant).

N.B. Il s'agit ici de deux 漢字 séparés, alors que 好 – « aimer » – ne forme qu'un seul 漢字.

• 日本 signifie « Japon » (la « racine du soleil » décrit le Japon comme le territoire, à l'est de la Chine, où le soleil se lève – ce qui a donné naissance à l'expression « le Pays du Soleil levant »).

Résumons.
Les 漢字 peuvent :
– soit se combiner pour former un 漢字, par exemple : 男 « homme ».
– soit s'associer à deux ou trois pour former un mot, par exemple : 人口 « population ».

練習一 Activité 1

Voici des composés formés de deux ou trois 漢字. Essayez d'en deviner la signification. Vous pouvez réviser les 漢字 vus précédemment avant de vous lancer dans cette activité.

a. 水力	c. 日本人	e. 人力	g. 水田	i. 門口 ....
b. 男子	d. 馬車	f. 人力車	h. 火山	j. 人目 ....

Une fois que vous avez envisagé les significations possibles de ces mots, regardez la liste qui suit et essayez de trouver la signification qui correspond le mieux à chaque 漢字. Vérifiez ensuite vos réponses p. 184.

1. volcan	5. en public	9. pousse-pousse ....
2. garçon	6. énergie hydraulique	10. rizière ....
3. Japonais(e)	7. entrée	
4. charrette	8. force physique	

Deviner la signification des kanji

Vous avez certainement remarqué que la signification des 漢字 composés résulte parfois de la traduction directe des 漢字 isolés. Par exemple, 火山 (feu + montagne = montagne de feu ou volcan). Remarquez que le qualificatif est toujours placé **avant** le nom auquel il se rapporte. Parfois, en revanche, il faut réfléchir de façon plus détournée. C'est le cas, par exemple, pour 人目, « en public ». Cependant, une fois que vous connaissez la signification, vous devriez la retenir facilement. En effet, les 漢字 sous forme de pictogrammes vous permettent visuellement de rassembler vos souvenirs. De plus, les mots sont créés de façon très logique. Ainsi, 人力車 signifie littéralement véhicule « tracté » par l'homme, et c'est exactement ce qu'est un pousse-pousse, comme nous le confirme l'illustration suivante.

復習 Révision

Avant d'aller plus loin, voici une activité destinée à vous faire réviser les 漢字 de ce chapitre.

Associez les 漢字 à leur signification en français. Faites ensuite l'activité dans le sens inverse, c'est-à-dire en regardant d'abord la signification en français.

• 人	• 力	• 車	• 耳	• 女	• 明	• 口	• 子
• 男	• 好	• 手	• 目	• 馬	• 門	• 本	• 足

• véhicule	• homme	• œil	• racine	• personne	• éclatant
• oreille	• pied	• femme	• porte	• main	• enfant
• bouche	• aimer	• cheval	• force		

En cas de doute, référez-vous aux pages concernées de ce chapitre et vérifiez vos réponses.

読む練習二 Exercice de lecture (2)

L'écriture des dates en japonais constitue un exemple intéressant. Vous avez déjà vu les 漢字 de la lune et du soleil dans le chapitre 1. Vous avez aussi découvert qu'ils pouvaient signifier « mois » et « jour ». Observons maintenant un calendrier japonais typique.

1月[a]

日	月	火	水	木	金	土[b]
1日	2日	3日	4日	5日	6日	7日[c]
8日	9日	10日	11日	12日	13日	14日
15日	16日	17日	18日	19日	20日	21日
22日	23日	24日	25日	26日	27日	28日
29日	30日	31日				

a. Le mois est écrit à la fois en chiffres et en 漢字. Dans la langue actuelle, les mois n'ont pas de noms spécifiques. On leur assigne donc un nombre entre 1 et 12. Ainsi, 6月 est le mois de juin (le 6e mois), 1月 le mois de janvier (le 1er mois) et 12月 le mois de décembre.

b. Les jours de la semaine sont écrits en version abrégée. Seuls les premiers 漢字, nécessaires à l'identification du jour, sont utilisés. Cela équivaut à écrire « lun », « ma », « me » en français.

c. Les dates sont suivies de 日.

Remarquez, par ailleurs, que le premier jour de la semaine est le dimanche.

練習二 Activité 2

En utilisant le calendrier et les informations ci-dessus, essayez de répondre aux questions suivantes :

1. Quel jour de la semaine est :
   a. le 1er janvier ?......... **b.** le 4 ? .... **c.** le 9 ?............. **d.** le 14 ?..........
2. Combien y a-t-il de mercredis ? Donnez-en les dates. ....
3. Quel jour est 1月1日 ?..................

N'oubliez pas qu'en japonais les dates s'écrivent selon l'ordre suivant : mois puis jour.

練習三 Activité 3

Vous trouverez ci-dessous un calendrier, extrait d'une brochure de tourisme japonaise.

1. Quels sont les premier et dernier mois du calendrier ?
2. Quels sont les mois concernés ?
   a. le 2 est un mardi. ....
   b. le 24 est un lundi. ....
   c. le 6 est un vendredi. ....
3. Quel jour de la semaine tombe ?
   a. le 5 mai ? ....
   b. le 26 octobre ? ....
   c. le 18 février ? ....
   d. le 21 août ? ....
   e. le 25 décembre ? ....
4. Quels jours de la semaine ont lieu ces fêtes japonaises ?
   a. Fête des filles (3 mars) ....
   b. Nouvel an (1er janvier) ....
   c. Tanabata (rencontre de l'étoile du bouvier avec celle de la tisserande, 7 juillet) ....
   d. Golden Week (29 avril-5 mai, semaine de vacances contenant quatre jours fériés) ....
   e. Anniversaire de l'Empereur (23 décembre) ....

4月

日	月	火	水	木	金	土
	1	2	3	4	5	6
7	8	9	10	11	12	13
14	15	16	17	18	19	20
21	22	23	24	25	26	27
28	29	30				

5月

日	月	火	水	木	金	土
			1	2	3	4
5	6	7	8	9	10	11
12	13	14	15	16	17	18
19	20	21	22	23	24	25
26	27	28	29	30	31	

6月

日	月	火	水	木	金	土
						1
2	3	4	5	6	7	8
9	10	11	12	13	14	15
16	17	18	19	20	21	22
23/30	24	25	26	27	28	29

7月

日	月	火	水	木	金	土
	1	2	3	4	5	6
7	8	9	10	11	12	13
14	15	16	17	18	19	20
21	22	23	24	25	26	27
28	29	30	31			

8月

日	月	火	水	木	金	土
				1	2	3
4	5	6	7	8	9	10
11	12	13	14	15	16	17
18	19	20	21	22	23	24
25	26	27	28	29	30	31

9月

日	月	火	水	木	金	土
1	2	3	4	5	6	7
8	9	10	11	12	13	14
15	16	17	18	19	20	21
22	23	24	25	26	27	28
29	30					

10月

日	月	火	水	木	金	土
		1	2	3	4	5
6	7	8	9	10	11	12
13	14	15	16	17	18	19
20	21	22	23	24	25	26
27	28	29	30	31		

11月

日	月	火	水	木	金	土
					1	2
3	4	5	6	7	8	9
10	11	12	13	14	15	16
17	18	19	20	21	22	23
24	25	26	27	28	29	30

12月

日	月	火	水	木	金	土
1	2	3	4	5	6	7
8	9	10	11	12	13	14
15	16	17	18	19	20	21
22	23	24	25	26	27	28
29	30	31				

1月

日	月	火	水	木	金	土
			1	2	3	4
5	6	7	8	9	10	11
12	13	14	15	16	17	18
19	20	21	22	23	24	25
26	27	28	29	30	31	

2月

日	月	火	水	木	金	土
						1
2	3	4	5	6	7	8
9	10	11	12	13	14	15
16	17	18	19	20	21	22
23	24	25	26	27	28	

3月

日	月	火	水	木	金	土
						1
2	3	4	5	6	7	8
9	10	11	12	13	14	15
16	17	18	19	20	21	22
23/30	24/31	25	26	27	28	29

練習四 Activité 4

En vous aidant de l'exemple ci-dessus, convertissez les dates suivantes en français. Rappelez-vous que l'ordre en japonais est : mois, date, jour.

例 Rei 1 8月3日 (火) = mardi 3 août (ordre = août, 3, mardi)
例 Rei 2 10月26日 (金) vendredi 26 octobre

a. 2月14日 (土) c. 5月5日 (月) e. 12月25日 (水)
b. 11月20日 (木) d. 9月10日 (日) f. 4月1日 (金)

漢字の読み方 Lire les kanji

Vous allez découvrir ici comment lire les 漢字. Comme nous vous l'avons suggéré dans l'introduction, vous pouvez laisser de côté ces passages – ou y revenir plus tard – si votre intérêt réside principalement dans la compréhension des 漢字.

1. Lectures kunyomi (訓読み) et onyomi (音読み)

Vous avez vu dans l'introduction qu'il existe deux types de lecture pour les 漢字, la lecture kunyomi 訓読み, ou lecture japonaise et la lecture onyomi 音読み, ou lecture chinoise.

La lecture onyomi est une transcription de la prononciation chinoise d'origine. Cette lecture a connu des modifications puis a été intégrée dans la langue japonaise.

La lecture kunyomi représente la prononciation typiquement japonaise.

Par exemple, 川 (rivière) peut se prononcer SEN (onyomi) ou kawa (kunyomi). Kawa était la prononciation japonaise de « rivière » et quand les 漢字 ont été empruntés à la Chine, cette prononciation fut associée au 漢字 de 川.

Remarquez, en outre, que kawa (kunyomi) s'écrit en minuscules en rōmaji (écriture romanisée ou alphabet) alors que SEN (onyomi) s'écrit en majuscules. Cette convention, que nous avons adoptée ici, est utilisée dans un grand nombre de manuels et de dictionnaires.

2. Règles d'utilisation des lectures onyomi et kunyomi

En général, la lecture kunyomi est utilisée pour les 漢字 isolés alors que la lecture onyomi est utilisée pour les 漢字 composés de deux 漢字 ou plus. Voici un exemple :

a. Kanji isolés

人 (personne) est prononcé hito (kunyomi).

口 (bouche) est prononcé kuchi (kunyomi).

b. Kanji composés

Les deux 漢字 ci-dessus forment le composé 人口 (population) qui est prononcé JINKŌ.

JIN et KŌ sont respectivement les lectures onyomi de 人 et de 口.

Ne vous inquiétez pas si vous n'avez pas tout assimilé. Nous vous donnerons en effet, au fil des chapitres, d'autres exemples ainsi que l'occasion de mettre en pratique ces règles. Il y a cependant des exceptions aux règles d'utilisation des lectures kunyomi et onyomi. Nous vous les indiquerons au moment opportun.

練習五 Activité 5

Dans ce chapitre, nous allons nous concentrer exclusivement sur la lecture kunyomi (lecture japonaise). Dans la liste suivante figurent des 漢字 avec leur lecture kunyomi et une aide pour bien les prononcer.

漢字	Signification	Kunyomi	Prononciation
山	montagne	yama	ya-ma (**a** de t**a**ble)
川	rivière	kawa	ka-wa (**a** de t**a**ble, **w** de **w**att)
金	or ou argent (monnaie)	kane	ka-ne (**a** de t**a**ble, **é** de **é**t**é**)
田	rizière	ta	ta (**a** de t**a**ble)
竹	bambou	take	ta-ke (**a** de t**a**ble, **é** de **é**t**é**)
火	feu	hi	hi (**h** aspiré, **i** de pisc**i**ne)
木	arbre	ki	ki (**i** de pisc**i**ne)
林	bois	hayashi	ha-ya-shi (**h** aspiré, **a** de t**a**ble, **i** de pisc**i**ne)
森	forêt	mori	mo-ri (**o** de p**o**tage, **i** de pisc**i**ne, **r** se situe entre le **r** et le **l**)
水	eau	mizu	mi-zu (**i** de pisc**i**ne, **ou** de c**ou**rage)
土	sol ou terre	tsuchi	tsu-chi (chaque syllabe commence par le son **t**)
石	pierre	ishi	i-shi (**i** de pisc**i**ne)
月	lune	tsuki	tsu-ki (**ou** de c**ou**rage, **i** de pisc**i**ne)
日	soleil	hi	hi (**i** de pisc**i**ne)

Règle de prononciation

Il existe cinq sons voyelles en japonais : **a**, **i**, **u**, **e** et **o**. Leur prononciation est invariable. Nous vous proposons une aide pour bien les prononcer.

- **a** de t**a**ble
- **i** de p**i**sc**i**ne
- **ou** de **cou**rage
- **é** de **é**t**é**
- **o** de p**o**tage

Ces voyelles sont combinées à des consonnes pour former de nouveaux sons, sans que la prononciation des voyelles n'en soit altérée. Certains sons ne sont pas, ou peu utilisés en français : **h** aspiré, **w** comme dans « **w**att ». Il en est de même pour les sons « **tsu** » et « **ch**- », à prononcer respectivement comme « **tsu**nami » et « **tch**èque ».

Vous avez peut-être remarqué que les lectures de 火 (feu) et 日 (jour) sont les mêmes. Ces deux 漢字 sont prononcés **hi**. Un grand nombre de mots japonais se prononcent de la même façon mais s'écrivent avec un 漢字 différent. La différence de sens peut se comprendre soit par le 漢字, soit par le contexte. Ce phénomène d'homophonie existe aussi en français.

練習六 Activité 6

Vous souvenez-vous des lectures kunyomi et des prononciations de chaque 漢字 ?

Vous pouvez vous référer à la liste précédente et vous entraîner à prononcer les mots – tout en regardant les caractères – avant de faire l'activité.

I. Entourez le 漢字 qui convient.

1. ta	**a.** 竹	**b.** 田	**c.** 川
2. mori	**a.** 土	**b.** 林	**c.** 森
3. ishi	**a.** 金	**b.** 石	**c.** 土
4. kawa	**a.** 川	**b.** 山	**c.** 水
5. ki	**a.** 日	**b.** 火	**c.** 木

II. Entourez cette fois-ci la lecture kunyomi qui convient.

1. 金	**a.** kane	**b.** kawa	**c.** ki
2. 竹	**a.** ta	**b.** hayashi	**c.** take
3. 月	**a.** tsuchi	**b.** tsuki	**c.** ishi
4. 林	**a.** hayashi	**b.** ki	**c.** mori
5. 水	**a.** mori	**b.** kawa	**c.** mizu

III. Vous allez maintenant vous tester sur les trois aspects du 漢字 en même temps, le 漢字 lui-même, la lecture kunyomi et sa signification. Vous devrez associer un élément de chaque catégorie (**A** à **C**) et (**a** à **c**) à l'élément proposé.

例 Rei 1	ta	A. 月	B. 日	C. 田
		a. rizière	b. lune	c. or
例 Rei 2	月	**A. tsuki**	B. tsuchi	C. hi
		a. jour	**b. lune**	c. terre

1.	feu	**A.** 水	**B.** 木	**C.** 火
		a. ki	**b.** hi	**c.** mizu
2.	森	**A.** mori	**B.** hayashi	**C.** ishi
		a. bois	**b.** arbre	**c.** forêt
3.	yama	**A.** 川	**B.** 竹	**C.** 山
		a. montagne	**b.** rivière	**c.** bois
4.	or	**A.** 木	**B.** 金	**C.** 火
		a. kawa	**b.** kane	**c.** mori
5.	竹	**A.** bois	**B.** bambou	**C.** rivière
		a. take	**b.** tsuki	**c.** tsuchi
6.	mizu	**A.** eau	**B.** lune	**C.** forêt
		a. 火	**b.** 木	**c.** 水
7.	pierre	**A.** 田	**B.** 石	**C.** 日
		a. ishi	**b.** tsuchi	**c.** ki
8.	土	**A.** soleil	**B.** lune	**C.** terre
		a. tsuchi	**b.** tsuki	**c.** ishi
9.	kawa	**A.** 川	**B.** 水	**C.** 竹
		a. bambou	**b.** or	**c.** rivière
10.	林	**A.** bois	**B.** forêt	**C.** arbre
		a. mori	**b.** hayashi	**c.** ki

練習七 Activité 7

Cette activité vous offre l'occasion d'utiliser les lectures kunyomi – vues jusqu'à présent – dans des situations réelles de lecture.

Les noms de famille japonais sont constitués soit d'un seul, soit de deux ou trois 漢字. Les 漢字 utilisés sont souvent simples : nous en avons d'ailleurs déjà vu quelques uns dans les chapitres 1 et 2. Bien que ces 漢字 aient des sens propres, comme par exemple 竹山, « Takeyama » qui signifie « montagne de bambous », le sens d'origine est généralement oublié. C'est aussi le cas en français où M. Petit n'est pas forcément petit, où M. Boulanger peut être médecin...

Pour lire les patronymes, vous devez utiliser les lectures kunyomi. Nous avons pourtant vu, au début de ce passage, qu'il fallait utiliser les lectures onyomi pour les 漢字 composés. Les noms de famille constituent donc une exception.

À vous de prononcer ces noms de famille japonais très courants :

1. 林	**3.** 森山	**5.** 竹山	**7.** 木田
2. 森田	**4.** 山川	**6.** 森	**8.** 石川

Pour les noms de famille suivants, 田 se prononce da au lieu de ta. Comment les prononceriez-vous ?

9. 金田	**10.** 竹田	**11.** 石田	**12.** 山田	**13.** 川田

Pour certains patronymes, les deux prononciations (en ta ou en da) sont possibles.

書く練習二 Exercice d'écriture (2)

Au chapitre 1, vous avez vu quelques règles d'écriture de base. Vous allez maintenant réviser ces règles à l'aide des nouveaux 漢字 que vous avez appris. Vous allez aussi voir de nouvelles règles et, une fois que vous les aurez assimilées, vous pourrez vous lancer dans l'écriture en respectant l'ordre des traits.

Règles n° 1 à 3

Vous avez vu dans le chapitre précédent qu'on trace les traits de la gauche vers la droite et du haut vers le bas. Généralement, quand deux traits se coupent, c'est le trait horizontal le plus haut qui est tracé avant le trait vertical. Ensuite, il faut tracer les traits du haut vers le bas. Exemple : « main ». Remarquez cependant que le trait court situé en haut se trace de la droite vers la gauche.

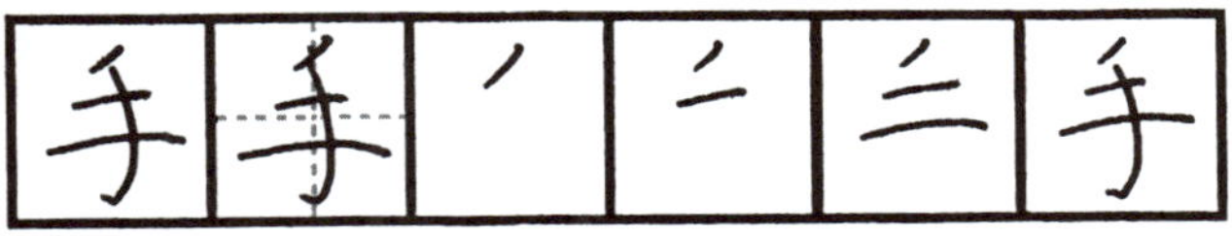

Règle n° 4

Les traits en diagonale suivent la même règle : de la gauche vers la droite. Exemple : « personne ».

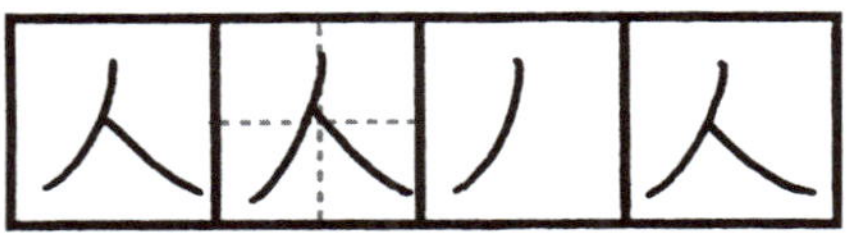

Règle n° 5

Vous avez aussi appris comment tracer un carré. « Bouche » s'écrit de la même façon. La forme est néanmoins légèrement différente.

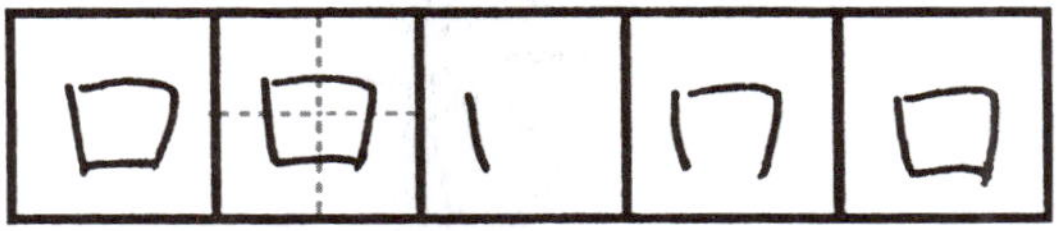

Règle n° 6

Quand il y a des éléments à l'intérieur du carré, le trait horizontal qui forme la base se trace en dernier. Exemple : « œil ».

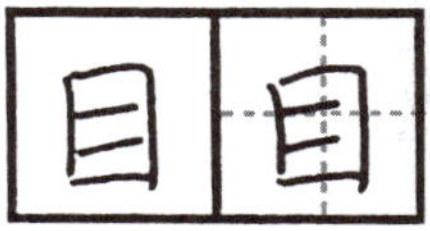

Voici « rizière ». Notez cependant l'exception à la règle n° 3. En effet, le trait vertical à l'intérieur du carré se trace avant le trait horizontal.

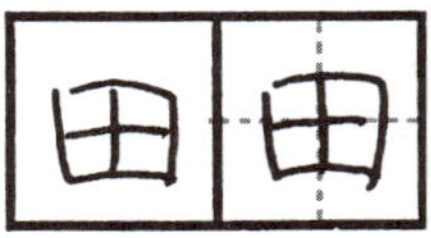

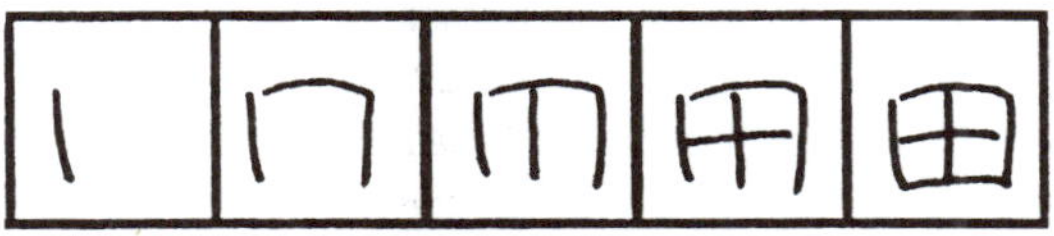

Voici deux règles supplémentaires :

Règle n° 7

Quand un 漢字 a une partie droite et une partie gauche distinctes, la partie de gauche se trace avant la partie de droite. Quand un 漢字 a une partie supérieure et une partie inférieure, on trace d'abord la partie supérieure.
Exemple : « bois ».

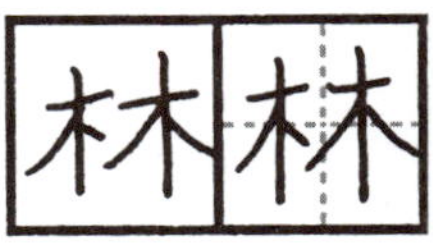

Notez que la partie de gauche est plus petite que celle de droite.

« Forêt » est assez similaire.

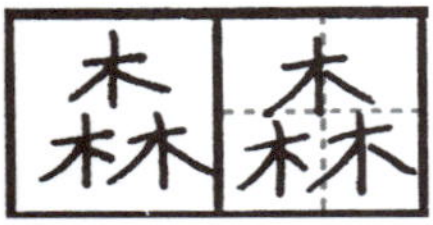

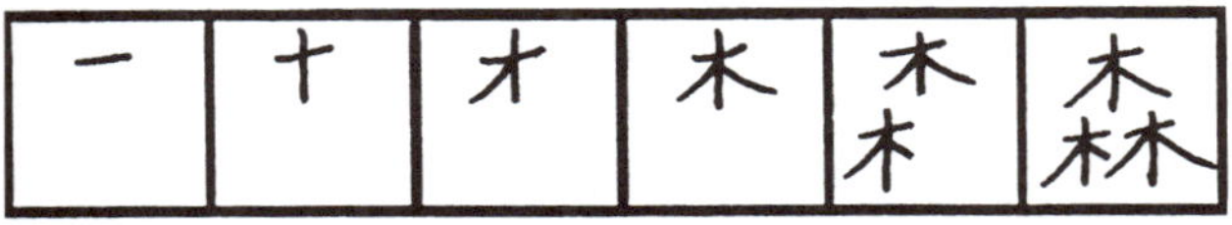

Il convient de combiner les règles n° 5, 6 et 7 pour écrire « porte ».

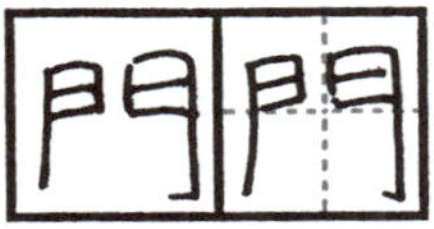

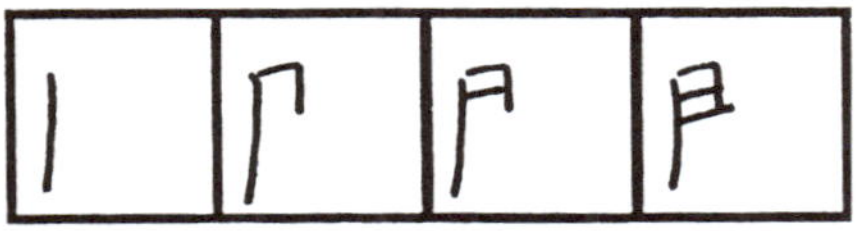

Règle n°8

Quand un 漢字 possède un axe de symétrie central, il faut commencer par tracer cet axe, puis tracer le côté gauche et enfin le côté droit.
Exemple : « eau ».

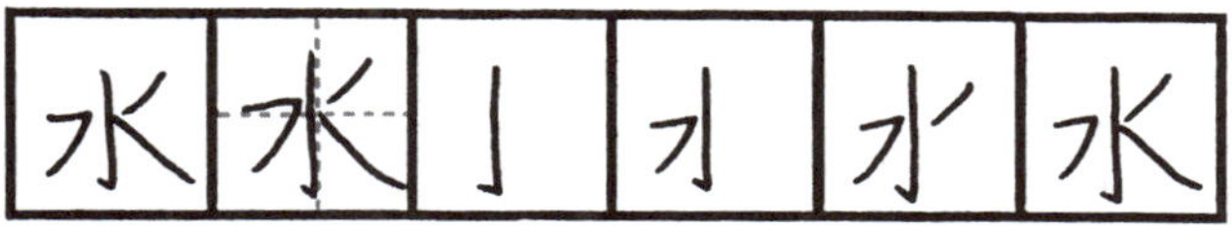

Ou encore : « montagne ».

練習八 Activité 8

Pouvez-vous écrire les 漢字 suivants en appliquant les règles énoncées précédemment ? N'oubliez pas d'utiliser du papier quadrillé pour obtenir le bon équilibre et les bonnes proportions.

Règles n° 1 à 4

川 rivière 三 trois 力 force 人 personne

Règles n° 5 et 6

日 soleil 月 lune 田 rizière (exception à la règle n° 3)

Règle n° 7

林 bois 竹 bambou

Règle n° 8

小 petit (voir chapitre 6) 水 eau 山 montagne

Vous pouvez vérifier vos réponses en vous référant aux exercices d'écriture des chapitres 1 et 2. Les règles énoncées dans les chapitres 1 et 2 vous donnent une vue d'ensemble mais elles ne sont pas exhaustives. Soyez donc bien attentif(ve) à l'ordre des traits de chaque 漢字 et n'oubliez pas qu'il y a toujours des exceptions !

まとめ Synthèse

Dans ce chapitre :

• Vous avez découvert 16 nouveaux 漢字 isolés, 14 composés et 13 patronymes japonais.

• Vous avez également appris à lire les dates.

• Vous avez abordé la lecture de quelques 漢字.

• Vous avez aussi révisé des règles d'écriture et vous en avez vu de nouvelles.

Voici les titres de rubriques qui ont été utilisés dans ce chapitre :

復習	fukushū	Révision
漢字の読み方	kanji no yomikata	Lire les kanji (ou : lecture de kanji)
訓読み	kunyomi	Lecture japonaise
音読み	onyomi	Lecture chinoise
テスト	tesuto	Test

テスト • Test n° 1

Vous allez tester, dans cette rubrique, vos connaissances à propos des points abordés dans les chapitres 1 et 2.

1. Les 漢字 ci-dessous sont regroupés par thème. À vous de trouver l'intrus !

a. Corps humain : •目 •足 •男 •手 •耳

b. Jours de la semaine : •月 •土 •火 •水 •日 •林

c. Personnes et animaux : •馬 •子 •力 •男 •女

d. Idées abstraites : •好 •金 •明 •力

2. Que signifient les composés suivants ? (**f.** est un mot nouveau)

a. 人口 .... **c.** 女子 .... **e.** 火山 ....

b. 日本 .... **d.** 門口 .... **f.** 男女 ....

3. Associez les dates aux événements de la colonne de droite.

A. 12月25日	**a.** 1er avril
B. 1月1日	**b.** Noël
C. 7月14日	**c.** Halloween
D. 3月21日	**d.** 1er mai
E. 4月1日	**e.** 1er jour du printemps
F. 10月31日	**f.** Nouvel an
G. 5月1日	**g.** Prise de la Bastille

4. Prononcez les patronymes suivants (* indique un changement de prononciation : ta devient da).

a. 山田* **b.** 竹山 **c.** 森 田 **d.** 森 **e.** 石田*

5. Pouvez-vous écrire les 漢字 suivants en respectant l'ordre des traits ?

•土 •日 •目 •手 •木 •水 •山 •田

• .... • ....

• .... • ....

• .... • ....

• .... • ....

第三課 – Chapitre 3

Les nombres

Dans ce chapitre

- Vous apprendrez à lire les nombres en japonais.
- Vous utiliserez ces nombres dans des situations réelles.
- Vous vous exercerez à écrire des 漢字.

はじめに Introduction

Dans le chapitre 2, vous avez appris à lire les dates. Vous allez maintenant les réviser en lisant les dates suivantes. Choisissez les dates équivalentes en français parmi celles qui vous sont proposées.

1. 4月21日 (火)   2. 11月5日 (土)   3. 9月10日 (水)

a. mercredi 21 avril
b. mercredi 10 septembre
c. mardi 21 avril
d. samedi 5 novembre

En cas de doute pour la lecture des dates, reportez-vous au paragraphe sur ce sujet au chapitre 2 (p. 26) afin de vous rafraîchir la mémoire.

Explication : Nombres de 1 à 10

Deux types de chiffres ont déjà été utilisés dans cet ouvrage. Il s'agit tout d'abord des chiffres arabes, système internationalement reconnu et très utilisé au Japon. En japonais, il existe des 漢字 pour les chiffres. Ceux-ci ont été utilisés, conjointement avec les chiffres arabes, pour numéroter les activités et les explications de cette méthode.

Les 漢字 représentant les nombres de 1 à 10 sont les suivants :

• 一 • 二 • 三 • 四 • 五 • 六 • 七 • 八 • 九 • 十

Nous allons vous donner quelques astuces pour retenir les 漢字 des nombres. Nous allons toutefois vous donner d'abord quelques explications sur la façon dont ils ont été formés. Ces 漢字 représentent des concepts abstraits. Ils n'ont donc pas été formés à partir de dessins mais sont simplement constitués d'une suite de points et de traits.

Nous avons déjà vu des 漢字 abstraits, notamment celui de la force 力. Ce 漢字 ressemble beaucoup à celui du chiffre « neuf » 九. Faites bien attention à ne pas les confondre. Les dessins ci-dessous devraient vous aider à vous souvenir de la différence. Vous repliez votre bras vers l'intérieur pour contracter votre muscle (力). 九 a plutôt une forme qui se rapproche de la lettre « Q ». Regardez maintenant les dessins.

Mémoriser les nombres (1)

Voici quelques idées pour mémoriser les 漢字 des nombres :

• 一　二　三　(1, 2, 3) sont faciles à retenir. Vous l'avez certainement remarqué : « une ligne, deux lignes, trois lignes »

• 四 a quatre côtés, il est donc facile de l'associer au chiffre 4.

• 五. Regardez bien ce 漢字. Vous pouvez y tracer le chiffre arabe 5. Essayez !

• 六. Le chiffre 6 est prononcé **roku** en japonais, ce qui n'est pas si éloigné que ça de « **roque**tte ». Avec un peu d'imagination, vous devriez voir, dans ce 漢字, une roquette décoller.

• 七. Si vous renversez ce 漢字, un 7 avec sa barre apparaît.

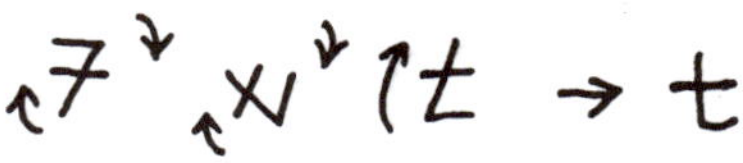

• 八. Vu de côté, le chiffre arabe 8 est aussi le signe mathématique de l'infini. Imaginez que ce 漢字 est une route menant au loin, vers l'infini.

• 九. Avec beaucoup d'imagination, on peut estimer que ce 漢字 est constitué de la combinaison des 漢字 de 8 et de 1 et, bien sûr, 8 + 1 = 9

• 十. Le chiffre romain représentant « dix » est X, ce qui ressemble au 漢字 auquel on aurait imprimé une rotation.

Vous êtes libre d'imaginer vos propres solutions pour mémoriser ces 漢字 ou d'autres. Cela peut être vraiment utile d'associer un nouveau 漢字 à une idée ou à un dessin. Nous verrons d'ailleurs cela plus en détail dans les chapitres suivants. Une fois que vous aurez commencé à mémoriser un nouveau 漢字, vous n'aurez probablement plus besoin de faire appel aux associations d'idées. Celles-ci peuvent être néanmoins très utiles au début.

Chapitre 3

練習一 Activité 1

I. Associez les suites de nombres en 漢字 (colonne de gauche) à leurs équivalents (colonne de droite).

1. 一、二、三、四	a. 3, 6, 9
2. 十、九、八、七	b. 2, 4, 6, 8
3. 一、三、五、七	c. 8, 9, 10
4. 三、六、九	d. 1, 2, 3, 4
5. 二、四、六、八	e. 1, 3, 5, 7
6. 八、九、十	f. 10, 9, 8, 7

II. La suite de nombres de 1 à 10 n'est pas bien classée. À vous de classer les nombres par ordre croissant, en pointant sur chaque 漢字 avec votre stylo ! Vérifiez vos réponses p. 185.

• 三 • 五 • 六 • 一 • 九 • 八 • 二 • 十 • 四 • 七

III. Cherchez l'absent. Toutes ces suites de 漢字 sont incomplètes en regard de leurs homologues de la colonne de droite. Quel est le nombre qui manque ?

1. 一、二、三、四、五	• 1, 2, 3, 4, 5, 6 ....
2. 十、八、六、二	• 10, 8, 6, 4, 2 ....
3. 四、六、七、八	• 4, 5, 6, 7, 8 ....
4. 二、四、八、十	• 2, 4, 6, 8, 10 ....

Construction de kanji : nombres de 11 à 99

Ils sont faciles à lire étant donné qu'ils sont construits de façon logique à partir des 漢字 de 1 à 10. Il ne nous semble pas nécessaire de vous donner la liste complète. Nous avons préféré vous présenter les nombres de 11 à 19 pour que vous compreniez le mode de fonctionnement.

• 十一 • 十二 • 十三 • 十四 • 十五 • 十六
• 十七 • 十八 • 十九 • 二十 • 二十一

Vous avez probablement identifié le modèle. Les nombres de 11 à 19 sont constitués de la dizaine 十 et de l'unité appropriée.

十一 = 10 + 1 = 11 • 十二 = 10 + 2 = 12

20 est constitué d'un 2 placé avant un 10 : 二十. (2 x 10 = 20). Il suffit ensuite d'ajouter l'unité appropriée pour former 21, 22, 23, etc.

二十一 = 2 x 10 + 1 = 21
二十二 = 2 x 10 + 2 = 22
二十三 = 2 x 10 +3 = 23

練習二 Activité 2

1. La suite ci-dessous est composée des nombres 20, 30, 40, 50, 60, 70, 80 et 90.

   Observez les 漢字 et assurez-vous de bien les reconnaître avant de passer à l'activité suivante.

   • 二十 • 三十 • 四十 • 五十 • 六十 • 七十 • 八十 • 九十

2. Cette même suite a été mise dans le désordre. Remettez-la dans le bon ordre en pointant sur chaque 漢字, l'un après l'autre. Puis vérifiez vos réponses à l'aide de la suite correcte ci-dessus.

   • 六十 • 九十 • 二十 • 四十 • 七十 • 五十 • 三十 • 八十

   Comment vous en sortez-vous jusqu'ici ? Souvenez-vous que vous avez toujours la possibilité de vous rafraîchir la mémoire à l'aide des rubriques précédentes.

3. Maintenant, vous allez vous exercer à lire la suite des nombres de 21 à 30. Cette fois-ci, ils ont déjà été mélangés. À vous de les mettre en ordre !

a. 二十九	d. 二十七	g. 二十二	j. 三十
b. 二十三	e. 二十四	h. 二十一	
c. 二十六	f. 二十八	i. 二十五	

   Maintenant, vérifiez vos réponses dans les Corrigés, p. 185.

4. Vous allez enfin utiliser tout ce que vous avez vu sur les nombres pour lire une sélection aléatoire de nombres entre 1 et 99. Écrivez vos réponses en chiffres arabes puis vérifiez-les en fin d'ouvrage. がんばって (ganbatte) Bon courage !

a. 九....................	f. 十三................	k. 三十二..........	p. 八十七..........
b. 六....................	g. 二十	l. 四十三	q. 八十八..........
c. 七	h. 五十	m. 五十四	r. 九十九...........
d. 十九...............	i. 七十...............	n. 六十五...........	
e. 十七	j. 二十一	o. 七十六...........	

Alors, comment vous en êtes-vous sorti(e) ? Vous pouvez peut-être maintenant faire une pause, afin d'assimiler ce que vous avez vu jusqu'ici. Vous passerez alors à la rubrique suivante.

Construction de kanji : cinq nouveaux kanji

百 100 千 1000 万 10 000 円 yen (monnaie japonaise) 年 année

Voici des moyens mnémotechniques qui vous aideront.

- 百 100 Vu de côté, ce 漢字 ressemble à ceci : 
  Remarquez que l'on peut y tracer le nombre 100 !

- 千 1000 Ceci ressemble au 漢字 de 10 (十) mais avec une barre supplémentaire, de la même façon que 1000 ressemble à 10 avec 2 zéros en plus !

- 万 10 000 Dans notre système occidental, on compte en milliers jusqu'à atteindre le million. Le système japonais, quant à lui, est quelque peu différent. Il existe en effet une unité pour représenter 10 000 : 万. Avec beaucoup d'imagination et en modifiant quelques traits, on peut imaginer que ce 漢字 résulte de la combinaison de 十 (dix) à droite et de 千 (mille) à gauche.

Pour constituer des nombres plus importants à partir de cette unité, il suffit de multiplier par 10 000. Par exemple :

十万 = 10 x 10 000 = 100 000.

百万 = 100 x 10 000 = 1 000 000.

- 円 La monnaie japonaise est le yen, représenté par ce 漢字 : 円 et par le symbole international : ¥. Comme le caractère 円 est utilisé pour les prix, vous devriez le rencontrer souvent et, de ce fait, le mémoriser facilement.

Retenez que dans un prix, le symbole ¥ précède le montant : ¥ 600.

- 年 Voici un dessin et une explication qui devraient vous aider à retenir ce 漢字.

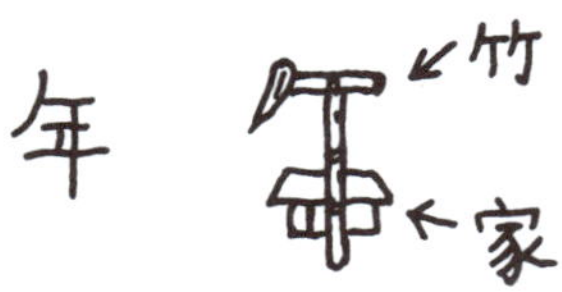

Vous pouvez reconnaître, au premier plan, la partie gauche du 漢字 de bambou (竹) et au second plan la forme d'une maison. Au Japon, des décorations en bambou ornent les maisons pour le nouvel an. Vous devriez donc être capable de mémoriser ce 漢字.

Regardez encore une fois cette rubrique afin de mémoriser des indices visuels et des significations. Passez ensuite à la rubrique suivante.

練習三 Activité 3

I. Rangez ces multiples de 100 dans l'ordre croissant. Lequel manque ? ....

1. 九百 **3.** 五百 **5.** 百 **7.** 八百
2. 三百 **4.** 四百 **6.** 二百 **8.** 七百

II. Écrivez ces 漢字 en chiffres arabes.

1. 八千 .... **3.** 七千 .... **5.** 二千 ....
2. 五千 .... **4.** 六千 .... **6.** 千 ou 一千 ....

III. Associez ces multiples de 10 000 à leurs équivalents en chiffres arabes.

1. 二万 .... **2.** 九万 .... **3.** 九十万 ....
4. 百万 .... **5.** 千万 ....

a. 90 000 **c.** 20 000 **e.** 10 000 000
b. 1 000 000 **d.** 900 000

IV. Combinaisons de 百, 千, 万.
Classez ces montants du plus petit au plus grand.

1. 二百 **3.** 二百万 **5.** 二十万 **7.** 二万
2. 二千二百 **4.** 二千 **6.** 二千万

Écrivez maintenant en chiffres arabes les nombres que vous aurez classés.

V. Faites correspondre les prix de la colonne de droite à ceux de la colonne de gauche.

1. 三百円	**a.** ¥ 7500
2. 五千円	**b.** ¥ 300
3. 百五十円	**c.** ¥ 3000
4. 四百五十円	**d.** ¥ 70 000
5. 七万円	**e.** ¥ 5000
6. 七千五百円	**f.** ¥ 450
7. 三千円	**g.** ¥ 150

Quelques précisions sur les dates

Il existe plusieurs façons d'écrire les années en japonais. Prenons l'année 1999. Remarquez que le 漢字 pour l'année (年) s'écrit après le nombre.

1. 一千九百九十九年 Ici, 1999 s'écrit en utilisant tous les 漢字.
2. 一九九九年 Ici, 1999 s'écrit : 1-9-9-9.
3. 1999 年 ou 99 年 L'année est écrite en chiffres arabes mais le caractère 年 est utilisé.

Le premier exemple est rarement utilisé, c'est en général le troisième exemple qui est choisi. Remarquez, de plus, que « zéro » s'écrit généralement ○ ou 0.

練習四 Activité 4

I. Vous allez associer ici les années écrites en 漢字 à celles écrites en chiffres arabes.

1. 一九六三年 a. 2007 年
2. 一八六三年 b. 1963 年
3. 二〇〇七年 c. 1960 年
4. 一六一六年 d. 1616 年
5. 一九六〇年 e. 1863 年

II. Maintenant, associez les dates écrites en 漢字 à celles écrites en chiffres arabes.

1. 十一月十一日 a. 6月24日
2. 六月十八日 b. 3月31日
3. 十月二日 c. 6月18日
4. 八月二十一日 d. 11月11日
5. 三月三十一日 e. 8月21日
6. 六月二十四日 f. 10月2日

Les dates sont généralement écrites en chiffres arabes.

III. Écrivez maintenant en français les dates **1** à **6** de l'exercice précédent.

Le calendrier japonais

Il existe au Japon, parallèlement au calendrier occidental, le système de 年号 (nengō) ou noms d'ères. Une ère se définit par la durée de règne de chaque empereur. Le règne de l'empereur actuel Akihito – l'empereur, dans le Japon moderne, n'a plus de rôle politique mais un rôle symbolique - a commencé en 1989. Cette nouvelle ère est nommée 平成 Heisei, ce qui signifie « Paix universelle ». Elle fait suite à celle de 昭和 Shōwa, «Paix rayonnante ». Quand l'empereur meurt, le nom de l'ère lui est attribué. Ainsi, le père d'Akihito, Hirohito, mort en 1989, est appelé l'empereur Shōwa. Il régna pendant 63 ans, de 1926 à 1989 (ère 昭和 Shōwa).

Quand une année est écrite selon le système 年号 (nengō), elle suit le modèle ci-dessous :

平成十一年 11e année de l'ère Heisei.

Pour convertir cette année selon le calendrier occidental, vous devez compter à partir de 1989 en sachant que 1989 correspond à la 1re année.

平成十一年 = 1999

Les chiffres arabes peuvent aussi être utilisés : 平成11年

Pour les années 昭和 Shōwa, on compte à partir de 1926. N'oubliez pas d'inclure l'année de départ dans votre calcul. Vous pouvez aussi choisir une année de référence, par exemple votre date de naissance, et la prendre comme point de repère pour vos conversions.

昭和 Shōwa 三十八年 = 38e année de l'ère Shōwa = 1963

Vous pouvez aussi ajouter 25 ans à une année 昭和 Shōwa pour obtenir une année occidentale.

Inversement, vous pouvez soustraire 25 ans à une année occidentale pour obtenir une année 昭和 Shōwa.

昭和二十年 20e année de l'ère Shōwa.= 20 + 25 = 45

1985 = 85 – 25 = 昭和六十年 60e année de l'ère Shōwa.

練習五 Activité 5

I. Associez les années 平成 Heisei suivantes à leurs homologues en années occidentales.

1. 平成四年	a. 2007
2. 平成十年	b. 1990
3. 平成十二年	c. 1997
4. 平成十九年	d. 1992
5. 平成九年	e. 1998
6. 平成二年	f. 2000

La première année d'une ère ne s'écrit pas avec 一 (« un ») mais avec 元 qui signifie « début ».

平成元年 = 1re année de l'ère Heisei = 1989

Les nombres

II. Associez les années 昭和 Shōwa suivantes à leurs homologues en années occidentales. N'oubliez pas d'ajouter 25 ans à l'année 昭和.

1. 昭和四十八年	**a.** 1939
2. 昭和二十五年	**b.** 1926
3. 昭和六十三年	**c.** 1973
4. 昭和十四年	**d.** 1988
5. 昭和四十三年	**e.** 1950
6. 昭和元年	**f.** 1968

読む練習三 Exercice de lecture (3)

Cette rubrique va vous donner l'occasion de mettre en pratique, dans un contexte réel, toutes vos connaissances, aussi bien en ce qui concerne les dates que les nombres.

練習六 Activité 6

1. On écrit souvent les nombres en 漢字 quand le texte se présente de façon verticale (voir question 3, p.47). Les cartes de visite japonaises ont souvent un côté écrit verticalement en japonais et l'autre écrit horizontalement en rōmaji (pour les clients étrangers). Les numéros de téléphone s'écrivent à l'horizontale. Remarquez que l'indicatif s'écrit entre parenthèses et qu'un petit trait (~) sépare les deux parties du numéro de téléphone. Ne le confondez pas avec le chiffre 一 (« un ») !

   Essayez de convertir ces numéros de téléphone en chiffres arabes.

a. (〇三)	三五八	~	一三七七
b. (〇九七)	五九二	~	四二一一
c. (〇七二〇)	二一	~	三八六六
d. (〇三)	三五九三	~	二七〇四
e. (〇二七九)	二二一	~	三一五四

2. Le document suivant est un extrait de journal annonçant une série de conférences.

   Quand ont eu lieu les conférences à

   a. Paris (パリ) ?...

   b. Tokyo (東京) ?...

   c. Düsseldorf (デュッセルドルフ) ?............................

パリ '05年12月5日(月)
東京 '05年12月6日(火)
デュッセルドルフ 05年12月12日(月)

3. L'affiche reproduite ci-contre est celle d'une pièce de théâtre japonaise. Donnez, selon le système occidental, l'année, le mois, la date et le jour de la représentation.

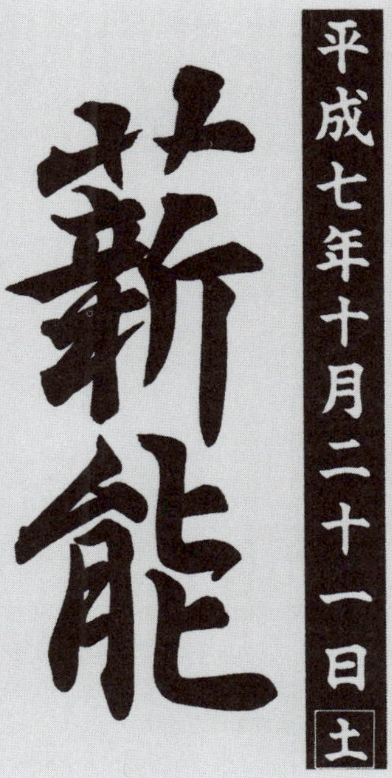

漢字の読み方 Lire les kanji

Dans cette rubrique, nous allons travailler la prononciation des nombres 1 à 10 en japonais. Référez-vous à l'index de 漢字 (p.193) et entraînez-vous à lire la lecture onyomi pour les nombres de 1 à 10. Reportez-vous ensuite au passage concerné du chapitre 2 (p. 30) si vous avez besoin de vérifier les règles de prononciation.

i Mémoriser les nombres (2)

Essayez de mémoriser les nombres en japonais en inventant par exemple une comptine du type « 1, 2, 3, je m'en vais au bois ».

« 一、二、三、 je m'en vais à Cannes »

« 四、五、六、 ça vaut vraiment le coup »

練習七 Activité 7

Associez les nombres qui suivent à leur 漢字 ainsi qu'à leur lecture onyomi. Vérifiez ensuite vos réponses à l'aide de l'index de 漢字 en fin d'ouvrage.

漢字	フランス語 (furansugo) français	音読み onyomi
三	un	SHICHI
五	deux	KYŪ
六	trois	NI
一	quatre	SHI
八	cinq	ICHI
九	six	HACHI
二	sept	JŪ
十	huit	ROKU
四	neuf	GO
七	dix	SAN

書く練習三 Exercice d'écriture (3)

Dans les chapitres 1 et 2, vous avez appris huit règles de base pour écrire les 漢字. Vous vous êtes également exercé(e) à écrire tous les 漢字 que vous avez vus dans ces chapitres. Nous allons maintenant voir trois autres règles simples afin que vous amélioriez vos tracés de traits en regardant la façon dont les traits se terminent. Les Japonais apprennent la calligraphie afin de perfectionner les tracés de leurs 漢字 en utilisant des pinceaux. Cependant, si vous observez bien ces trois règles, vous devriez améliorer le tracé de vos 漢字, même si vous utilisez un crayon de papier ou un stylo. Les traits peuvent se terminer principalement de trois façons :

STOP net
Votre crayon/ stylo s'arrête net
et n'est plus en contact avec la page.

STOP progressif
Vous soulevez votre crayon
petit à petit de la page,
avec un mouvement de balayage.

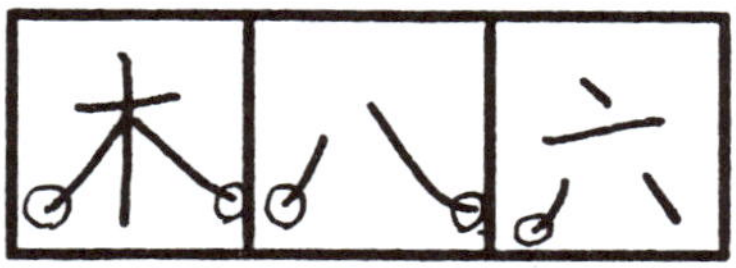

VIRGULE
Le trait rebique à la fin,
à la manière d'une virgule.

Vous allez maintenant écrire les nombres de 1 à 10 sur du papier quadrillé (sans regarder l'indication qui suit concernant l'ordre des traits). Utilisez les huit règles que vous avez vues. La seule exception est le chiffre 9. En effet, c'est la partie verticale (à gauche) qui est tracée en premier. Regardez bien, à l'aide des exemples précédents, la façon dont se terminent les traits.

一	二	三	四	五
六	七	八	九	十

Comment vous en êtes vous sorti(e)? Nous avons écrit les nombres 1 à 10 ci-dessous. Observez bien l'ordre des traits, la forme et les proportions des traits. Par exemple, la partie gauche du « huit » n'est pas identique à celle de droite, il en est de même pour « quatre » et « six ». D'autre part, les traits de « deux » et « trois » ne sont pas tous de la même longueur. Essayez maintenant de les recopier en y étant le plus fidèle possible.

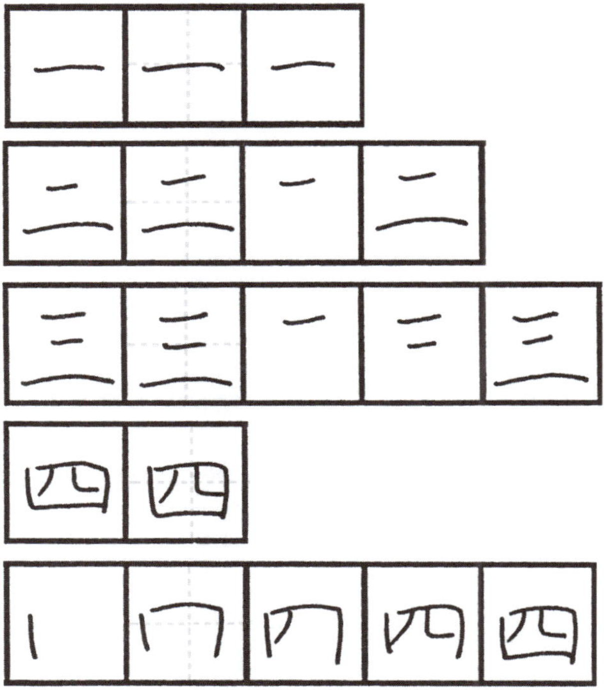

まとめ Synthèse

Dans ce chapitre

• Vous avez vu les nombres jusqu'à 10 000 grâce à 13 漢字.

• Vous avez aussi appris les 漢字 pour les yens et l'année.

• Vous vous êtes exercé(e) à lire des nombres et des montants, des dates et des numéros de téléphone.

• Vous avez aussi découvert le calendrier japonais et avez vu deux 漢字 composés pour l'ère actuelle et la précédente.

• En tout, vous avez vu 15 漢字 (et certains composés associés) ainsi que trois nouveaux mots composés (平成, 昭和 et 年号).

第四課 – Chapitre 4

Les verbes

Dans ce chapitre

- Vous apprendrez à reconnaître 14 漢字 utilisés dans des verbes d'action.
- Vous découvrirez des termes créés à partir de ces verbes, ainsi que d'autres 漢字.
- Vous verrez encore plus en détail comment lire et écrire les 漢字.

はじめに Introduction

Au cours du chapitre 2, p. 23, vous avez appris que certains 漢字 avaient une signification non seulement en tant que caractère isolé, mais qu'ils pouvaient aussi être utilisés dans des 漢字 plus complexes. Les 漢字 que nous verrons ici sont formés à partir de 漢字 simples que vous avez, pour la plupart, déjà rencontrés.

Avant d'aborder de nouveaux 漢字, vous allez tout d'abord réviser certains 漢字 fondamentaux.

1. Vous souvenez-vous de la signification des 漢字 suivants ?

a. 口	**c.** 人	**e.** 山	**g.** 木	**i.** 子 ....
b. 耳	**d.** 目	**f.** 門	**h.** 日	

2. Observez maintenant les nouveaux 漢字 de la liste ci-dessous. Ils sont tous constitués d'un 漢字 simple. À vous de les trouver ! Vous n'avez, pour l'instant, pas besoin de connaître la signification des nouveaux 漢字.

a. 聞	**c.** 書	**e.** 学	**g.** 休 ....
b. 見	**d.** 言	**f.** 買	**h.** 出 ....

Vérifiez vos réponses aux questions 1 et 2 dans les corrigés. Vous passerez ensuite à la rubrique suivante.

À la recherche d'indices

Les nouveaux 漢字 présentés ci-dessus peuvent tous être utilisés en tant que verbes. Pour l'instant, vous n'en connaissez pas la signification, mais vous avez pu identifier les 漢字 simples qui en font partie. Ceci vous fournit un indice pour l'élucidation du sens du 漢字. Voici trois nouvelles informations qui devraient vous aider :

1. Cette forme 儿 (), quand elle est utilisée dans un 漢字, signifie « jambes ». Vous l'avez rencontrée dans le **2.b.** de l'introduction ci-dessus.

2. Cette forme 八 () signifie « pattes, pieds pour un animal ». Vous l'avez rencontrée dans le **2.f.** de cette introduction.

3. Le 漢字 signifiant « personne » se transforme ainsi : 亻 quand il est utilisé en tant que partie d'un 漢字 plus complexe. Vous en avez vu un exemple dans le **2.g.** de cette introduction.

練習一 Activité 1

Les sept 漢字 suivants, de **a** à **g**, représentent tous des verbes. Les petites histoires ci-dessous, de **1** à **7**, vous donnent quelques indices en associant les composants d'un 漢字, en caractère gras, à une signification. Ceci devrait vous aider à mémoriser la signification des 漢字.

À vous maintenant de trouver le sens de chaque 漢字 ! Écrivez, à côté du 漢字, le numéro de l'histoire qui le définit.

a. 聞....... **b.** 見...... **c.** 言....... **d.** 学...... **e.** 買...... **f.** 休........ **g.** 出......

Petites histoires

1. Une **personne** se repose sous un **arbre** pendant sa pause. **Signification :** « se reposer », « vacances ».
2. Un **œil** posé sur des **jambes** court dans tous les sens. **Signification :** « regarder », « observer » ou « voir ».
3. **Des montagnes** sur des **montagnes** mais il y a une sortie quelque part ! **Signification :** « sortir ».
4. Un voisin colle l'**oreille** aux **portes** d'une maison afin d'entendre des ragots. **Signification :** « entendre » ou « écouter ».
5. Un **œil** jonché sur des **pattes d'animal** représente un coquillage. Un autre **œil**, vu de côté, surplombant ce coquillage, représente un homme qui examine l'objet avant de l'acheter. **Signification :** « acheter ».
6. Lorsqu'il étudie, l'**enfant** doit porter un **chapeau** afin d'éviter que ses connaissances ne s'envolent ! **Signification :** « étudier ».
7. La **bouche** prononce des mots qui s'élèvent en formant des **lignes**. **Signification :** « parler », « mots ».

Avez-vous trouvé le sens de chaque 漢字 ? Vous trouverez ci-dessous, ces mêmes 漢字 avec, cette fois-ci, leur signification accompagnée d'une illustration.

聞 « écouter, entendre »

見 « regarder, observer, voir.»

言 « dire »

学 « étudier »

休 « se reposer »

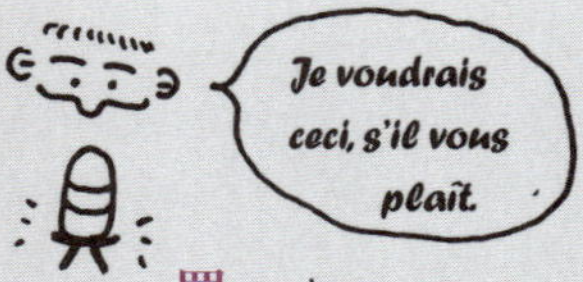

買 « acheter »

出 « sortir »

Relisez maintenant les petites histoires ci-dessus. Voyez-vous comment les composants d'un 漢字 peuvent vous aider à en comprendre la signification ?

練習二 Activité 2

Cette activité va vous permettre de réviser rapidement les 漢字 de ce chapitre. Associez tout simplement les 漢字 (colonne de gauche) à leur signification (colonne de droite).

1. 買	**a.** écouter
2. 休	**b.** regarder
3. 出	**c.** dire
4. 聞	**d.** étudier
5. 学	**e.** sortir
6. 見	**f.** acheter
7. 言	**g.** se reposer

練習三 Activité 3

Vous allez maintenant apprendre ces sept nouveaux 漢字 :

・売　・読　・話　・書　・食　・飲　・入

Certains composants de ces 漢字 figurent dans la liste suivante. Nous avons mentionné entre parenthèses le nombre de fois où le composant apparaît.

1. 儿 jambes (x2)
2. 言 dire (x2)
3. 口 bouche (x3)
4. 土 terre (x2)
5. 日 soleil (x1)
6. 千 1 000 (x1)

Pouvez-vous repérer, dans la liste de 漢字, les composants et les entourer?

Alors, comment vous en êtes-vous sorti(e) ? Les explications suivantes vous apportent les réponses.

D'autres composants de kanji

Nous avons numéroté les composants des 漢字 ci-dessous, représentés sous forme manuscrite, et avons imaginé une histoire en fonction de ces parties.

1. La partie supérieure ressemble à 土 « terre », le trait horizontal est cependant plus grand : 士. En fait, ce 漢字 signifie « samouraï », mais également « terre » quand il entre dans la composition d'un 漢字 plus complexe.
2. Entre les jambes et la terre, il y a une table.
3. Jambes.

Histoire : Des personnes **se dirigent** vers une **table** pour y voir un samouraï vendre des mottes de **terre**.

Signification : « vendre », 売.

1. Vous avez certainement reconnu « dire » ou « mots » (言) dans la partie gauche du 漢字.
2. C'est le 漢字 que vous venez d'apprendre (« vendre » : 売).

Histoire : Affiche dans une librairie : « **Mots à vendre.** Achetez un livre et lisez-en les **mots.** »

Signification : « lire », 読.

1. La partie gauche est à nouveau « dire » ou « mots ».
2. 1000 (千).
3. Bouche (口). Les composants 2 et 3 forment à eux deux le 漢字 de « langue » (舌).

Histoire : Des **milliers** de **mots** sont prononcés par la **langue**.

Signification : « parler », « raconter », 話.

1. Cette partie vient d'un 漢字 que vous n'avez pas encore vu, celui de « pinceau » : 筆.
   N'oubliez pas que, avant que les stylos ne soient inventés, les Japonais écrivaient à l'aide de pinceaux de calligraphie. L'illustration suivante vous permet de faire le lien entre l'objet et le 漢字.

2. Vous avez certainement reconnu le 漢字 du soleil. On peut aussi envisager ce 漢字 comme une bouche (口) avec un trait à l'intérieur (日). On peut donc considérer que c'est une version abrégée de « dire » (言), les mots étant sur le point de sortir de la bouche.

Histoire : Les **mots** naissent à l'écrit grâce à un **pinceau** de calligraphie.
Signification : « écrire », 書.

1. Envisagez cet élément comme un toit et, en l'occurrence, comme le toit d'une maison.
2. Cet élément signifie « blanc » et représente le soleil avec un rayon qui s'en échappe. En Chine ancienne, en effet, on percevait les rayons du soleil comme étant de couleur blanche.
3. La partie inférieure est une version tronquée de 火 « feu », 漢字 que vous avez vu au chapitre 1.

Histoire : Dans une **maison** japonaise, du riz **blanc** cuit sur un **feu**.
Signification : « manger », « nourriture », 食.

1. Vous venez de voir la partie gauche de ce 漢字. Elle est quelque peu tronquée ici mais la signification ne change pas : « nourriture ».
2. Une version plus détaillée de la partie droite va vous aider à en comprendre la signification.

Histoire : La partie gauche donne le sens général « **nourriture** ». La partie droite représente une personne en train de **boire**.
Signification : « boire », « boisson », 飲.

入

Remarquez la différence entre les versions manuscrite et imprimée (入) de ce 漢字. Ne le confondez pas avec celui de « personne ». Version imprimée : 人 et manuscrite : 人

Dans ce nouveau 漢字, la personne semble entrer dans la page en marchant. La version informatique du caractère montre la personne indiquant clairement sa direction. (Le petit trait en haut pointe vers la gauche.)

Histoire : Les **gens** qui entrent marchent vers la **gauche**.
Signification : « entrer », 入.

練習四 Activité 4

Cette activité va vous permettre de réviser le deuxième groupe de 漢字 que vous venez de voir. Associez les 漢字 (colonne de gauche) à leur signification (colonne de droite).

1. 食	a. boire
2. 入	b. manger
3. 売	c. lire
4. 書	d. parler
5. 飲	e. entrer
6. 話	f. vendre
7. 読	g. écrire

Avez-vous réussi à faire les bonnes associations ? Si vous avez des doutes, relisez les histoires et regardez la composition des 漢字 jusqu'à ce que vous soyez sûr(e) de vous.

読む練習四 Exercice de lecture (4)

Vous connaissez maintenant le premier 漢字 du titre de cette rubrique. Vous allez tout d'abord réviser la totalité des 漢字 que vous avez appris dans ce chapitre.

Chapitre 4

Regardez les 漢字 et vérifiez si vous vous souvenez des significations en français. Vous pouvez utiliser la liste de mots ci-dessous pour vous aider.

1. 聞..............	4. 言..............	7. 休..............	10. 読..............	13. 飲..............
2. 見..............	5. 学..............	8. 出..............	11. 話..............	14. 入..............
3. 書..............	6. 買..............	9. 売..............	12. 食..............	

- **1.** écouter
- **2.** regarder
- **3.** écrire
- **4.** dire
- **5.** étudier
- **6.** acheter
- **7.** se reposer
- **8.** sortir
- **9.** vendre
- **10.** lire
- **11.** parler
- **12.** manger
- **13.** boire
- **14.** entrer

練習五 Activité 5

Voici quelques phrases en japonais suivies de leur traduction.

Pour l'instant, vous n'êtes pas en mesure de lire ces phrases dans leur intégralité. En effet, vous n'avez pas encore appris les ひらがな (chapitre 5, p.67). Il y a aussi un 漢字 : (語) que vous n'avez pas encore vu. Cependant, grâce à vos connaissances en 漢字, vous êtes désormais capable de comprendre les mots clés de ces phrases. À l'aide de ceux-ci, vous allez pouvoir trouver la phrase en français qui convient. Par exemple :

男の人は車を買いました。 2 2 2 4	L'homme (personne masculine) a acheté une voiture.

Les chiffres, sous les 漢字 que vous avez déjà vus, représentent les chapitres dans lesquels les 漢字 ont été abordés. Vous pouvez bien sûr vous référer à ces chapitres s'il vous semble nécessaire de faire quelques révisions.

Avez-vous remarqué que le verbe se trouve en fin de phrase ?

Si on traduisait mot à mot, on obtiendrait : l'homme une voiture a acheté. Vous retrouverez, dans les phrases en français, ce type de traduction entre parenthèses avec la mention « lit. » qui signifie « traduction littérale ». C'est maintenant à votre tour de trouver la traduction qui convient.

がんばって ! ganbatte ! Bon courage !

1. 女の人は 日本語を 学びました。
2 2 1 2 (7) 4

2. 女の子は 土曜日に 休みました。
2 2 1 4

3. 男の人は 月を 見ました。
2 2 1 4

4.	林さんは	森田さんに	話しました。
	2	1 2	4
5.	男の子は	馬が	好きです。
	2 2	2	2
6.	女の人は	竹の子を	食べました。
	2 2	1 2	4
7.	山田さんは	車を	売りました。
	2 1	2	4

a. La femme (personne féminine) a mangé des pousses de bambou (enfants de bambou). (lit. la femme pousses de bambou a mangé.)

b. La fille (enfant féminin) s'est reposée samedi. (lit. La fille samedi s'est reposée.)

c. M. Yamada (montagne - rizière) a vendu sa voiture. (lit. M. Yamada sa voiture a vendu.)

d. Le garçon (enfant masculin) aime les chevaux. (lit. Le garçon les chevaux aime.)

e. La femme (personne féminine) a étudié le japonais. (lit. La femme le japonais a étudié.)

f. M. Hayashi (bois) a parlé à Mme Morita (forêt - rizière). (lit. M. Hayashi à Mme Morita a parlé.)

g. L'homme (personne masculine) a regardé la lune (lit. L'homme la lune a regardé.)

Alors, comment vous en êtes-vous sorti(e) ? Vérifiez vos réponses dans les corrigés.

D'autres kanji composés

Dans cette rubrique, vous allez découvrir de nouveaux 漢字 composés. Vous devez d'abord apprendre ce 漢字 : 物 « chose »

Ce 漢字 est utilisé pour transformer des verbes en noms. Regardez l'exemple suivant :

買 « acheter » +物 « choses » = « courses », « achats » (lit. acheter des choses)

練習六 Activité 6

Les composés suivants ont été transformés en noms par l'ajout de 物 « chose ». Pouvez-vous deviner leur signification ? Vous pouvez utiliser la liste de mots en français pour vous aider.

1. 飲物	3. 売物	5. 書物 ....
2. 食物	4. 見物	6. 読物 ....

- a. document écrit
- b. nourriture
- c. article (de vente)
- d. visite
- e. livre
- f. boisson

練習七 Activité 7

Les composés suivants sont constitués de 漢字 abordés dans ce chapitre. Essayez d'en trouver la signification en les associant à leurs équivalents français de la colonne de droite.

1. 売買	a. visite d'études
2. 読書	b. admission dans une école
3. 入学	c. aliments et boissons
4. 出入	d. interruption d'études
5. 飲食	e. lecture
6. 見学	f. vente et achat
7. 休学	g. entrée et sortie

練習八 Activité 8

Cette activité vous présente des composés formés à partir de 漢字 abordés dans les quatre premiers chapitres. Réfléchissez au sens littéral puis essayez d'imaginer la signification. Vous pourrez vérifier vos réponses à l'aide de la liste de mots en français. Voici, pour vous aider, quelques exemples amusants :

例Rei 1 出目金 lit. Poisson rouge aux yeux sortants : « carassin ».
例Rei 2 休火山 lit. Volcan qui se repose : « volcan inactif ».
例Rei 3 二足 lit. Deux pieds : « deux paires ».

1. 売人	3. 出口	5. 学力	7. 休日 ....
2. 入口	4. 飲水	6. 買手	8. 日本人 ....

- acheteur
- vendeur
- entrée
- Japonais(e)
- sortie
- eau potable
- jour de congé
- savoir ou connaissances

漢字の読み方 Lire les kanji

Nous avons abordé la question de la prononciation des 漢字 au cours du chapitre 2. Vous pouvez vous y reporter au besoin (p. 30). Dans cette même rubrique du chapitre 3, vous avez utilisé l'index de 漢字 en fin d'ouvrage (pp. 193-194) pour apprendre les onyomi (lectures chinoises) des nombres de 1 à 10.

Maintenant, reportez-vous encore à cet index de 漢字, pp. 193-194 qui contient tous les 漢字 de ce chapitre. Retenez en priorité les lectures onyomi. Voici quelques astuces :

i Mémoriser les lectures de kanji

1. Révisez les règles de prononciation de base abordées au chapitre 2 (p.30).
2. Prononcez les lectures à haute voix.
3. Associez ces lectures à des mots en français et créez une petite histoire qui vous permettra de retenir la prononciation.
   Par exemple, la lecture onyomi de 食 « manger » est SHOKU. Que pensez-vous de « C'était un CHOC de voir tout ce qu'il pouvait manger ! » ?
   La lecture onyomi de 見 est KEN : « KEN regarda par la fenêtre».
   Vous avez maintenant saisi le procédé.
4. Testez-vous en cachant la lecture onyomi et en essayant de prononcer le 漢字.

Passez maintenant à l'activité 9.

練習九 Activité 9

I. Associez les 漢字 (colonne de gauche) à leur lecture (colonne de droite).

1. 買	a. DOKU ....
2. 休	b. SHOKU ....
3. 出	c. NYŪ ....
4. 聞	d. BAI (utilisé deux fois) ....
5. 学	e. KYŪ ....
6. 見	f. SHUTSU ....
7. 言	g. WA ....
8. 食	h. BUN ....
9. 入	i. KEN ....
10. 売	j. IN ....
11. 飲	k. GAKU ....
12. 話	l. SHO ....
13. 書	m. GEN ....
14. 読	

II. Essayez maintenant de prononcer ces composés.

1. 売買 « achat et vente » ....
2. 読書 « lecture » ....

3. 入学 « admission dans une école » ....
4. 出入 « entrée et sortie » ....
Ces 2 漢字 ont aussi une lecture kunyomi très utilisée.
5. 飲食 « aliments et boissons » ....
6. 見学 « visite d'études » ....
7. 休学 « interruption d'études » ....
8. 見聞 « connaissances », « expérience » ....

書く練習四 Exercice d'écriture (4)

Vous avez certainement reconnu le premier 漢字 du titre de cette rubrique ; il signifie « écrire ».

Vous allez apprendre à écrire les 14 nouveaux 漢字 abordés dans ce chapitre. Rappelez-vous qu'il est important de respecter l'ordre des traits pour bien écrire, mémoriser le 漢字 et compter le nombre de traits. N'oubliez pas qu'il existe de légères différences entre les versions manuscrite et imprimée.

i Mémoriser le tracé des kanji

- Pour mémoriser le tracé d'un 漢字 complexe, il peut être utile de visualiser un à un ses composants. Par exemple, lorsque vous voulez écrire 聞 « écouter », pensez à « porte » et à « oreille ».
- Pour bien tracer un 漢字, observez-en attentivement les proportions et l'équilibre. Ainsi, quand un 漢字 est constitué d'une partie gauche et d'une partie droite, la partie gauche est plus étroite : approximativement 1/3 pour la partie droite et 2/3 pour la partie gauche.

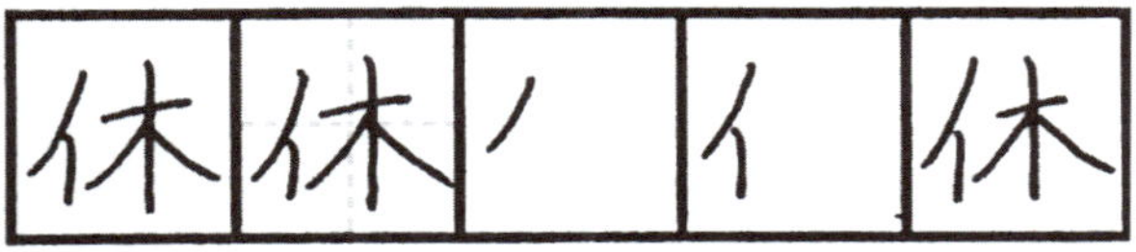

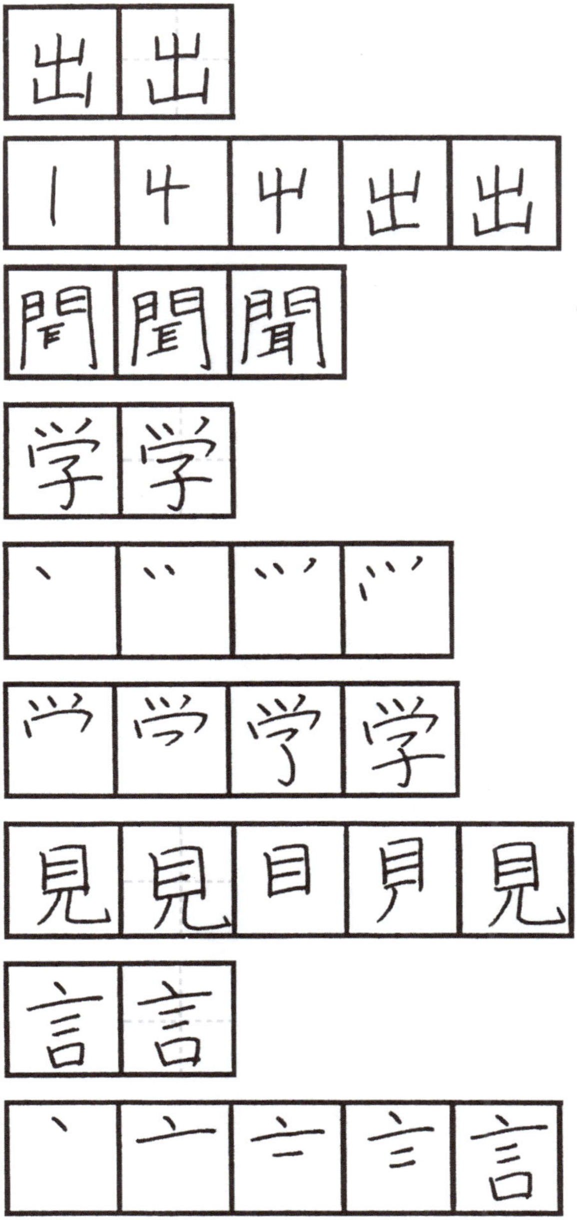
出出
出出
聞聞聞
学学
学
見見目見
言言
言

食食

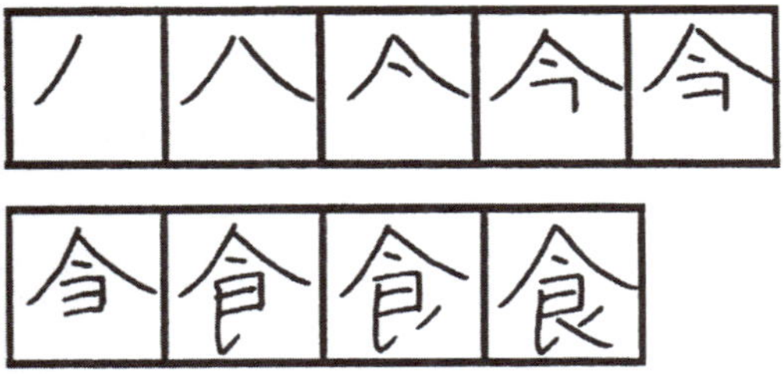

売売

飲飲

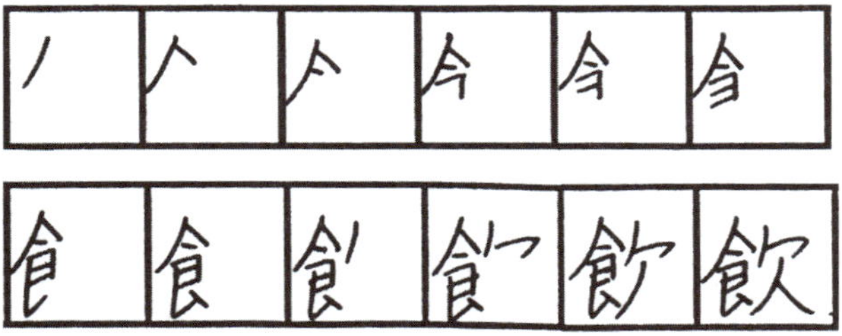

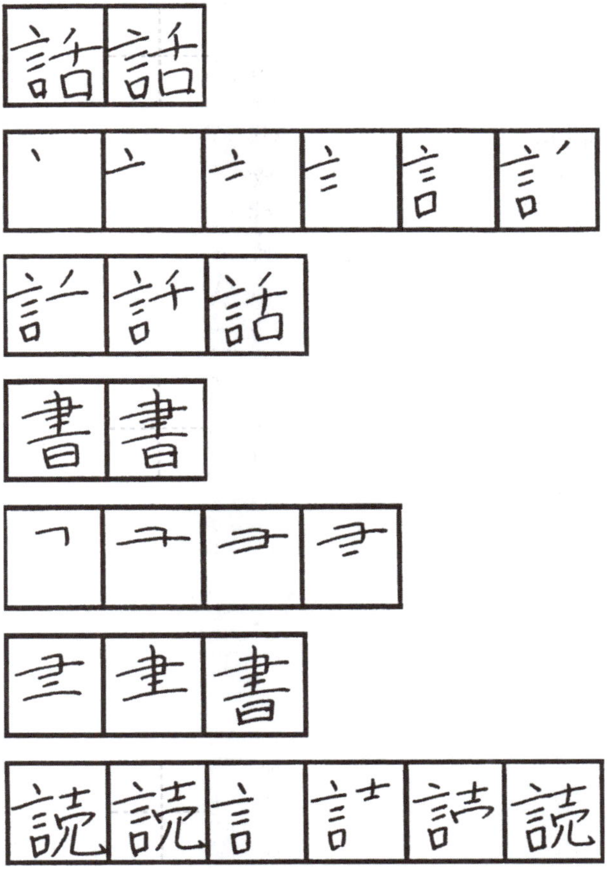

まとめ Synthèse

- Vous avez vu dans ce chapitre 14 漢字 représentant des verbes d'action.
- Vous avez aussi appris à les prononcer (lecture onyomi) et à les écrire.
- En outre, vous avez vu 26 漢字 composés.
- Vous avez aussi identifié les mots clés dans des phrases en japonais.

Voyons maintenant si vous avez bien retenu les 漢字 des quatre premiers chapitres.

テスト • Test n°2

Les 漢字 et les composés que vous avez vus jusqu'ici sont regroupés par thèmes. Vous souvenez-vous de leurs significations ? Certains 漢字 apparaissent plus d'une fois car ils appartiennent à plusieurs catégories.

1. Personnes et animaux

a. 馬 .... c. 女 .... e. 子 .... g. 男子 ....
b. 人 .... d. 男 .... f. 女子 .... h. 日本人 ....

2. Éléments naturels

a. 山 .... c. 川 .... e. 火 .... g. 林 .... i. 田 ....
b. 火山 .... d. 水 .... f. 木 .... h. 森 ....

3. Nombres et prix

a. 一 .... c. 六十円 .... e. 四千円 ...... g. 金 ....
b. 五 .... d. 百 .... f. 二万 .... h. 三千七百 ....

4. Dates

a. 九月二十二日 (水) .... c. 一九九一年 ....
b. 八月二十日 .... d. 平成十九年 ....

5. Verbes

a. 聞 .... c. 飲 .... e. 語 .... g. 売 .... i. 買 ....
b. 食 .... d. 言 .... f. 読 .... h. 見 .... j. 休 ....

6. Corps humain

a. 耳 .... b. 口 .... c. 足 .... d. 目 .... e. 手 ....

第五課 – Chapitre 5

Les hiragana

Dans ce chapitre

- Vous apprendrez à lire les 46 ひらがな (hiragana) qui composent le syllabaire ou «alphabet phonétique).
- Vous maîtriserez les règles pour créer des sons supplémentaires à partir des 46 signes de base.
- Vous découvrirez des associations entre sons et images qui faciliteront votre apprentissage.
- Vous apprendrez à écrire les ひらがな (hiragana).
- Vous serez aussi capable de lire quelques mots et quelques phrases.

はじめに Introduction

Commencez par revoir rapidement les pages p.5-7 de l'Introduction générale consacrées aux différents types d'écriture de la langue japonaise et plus particulièrement aux ひらがな (hiragana). Puis répondez aux questions suivantes.

1. Quelles sont les deux utilisations principales des ひらがな (hiragana) ?............

2. Quel type d'écriture – 漢字, ひらがな, カタカナ (katakana) – les enfants japonais apprennent-ils en premier à l'école ?..

3. Quelle est l'origine des ひらがな ?..

4. De combien de signes est composé le syllabaire actuel des ひらがな ?...........

À vous de jouer !

Vous ne connaissez pas encore les ひらがな (à part les quatre signes précédents), mais vous allez néanmoins essayer d'associer les ひらがな identiques. Les six mots de la colonne de gauche (**a** à **f**) sont repris dans un ordre différent dans la colonne de droite. En suivant l'exemple, associez-les puis écrivez la lettre qui convient.

a.	すし	つくえ ....
b.	あき	せいと ....
c.	こえ	すし ....a............
d.	つくえ	こえ ....
e.	さとう	あき ....
f.	せいと	さとう ....

Comment lire les hiragana

Commençons par les quatre premières lignes du syllabaire des ひらがな avec leur prononciation en rōmaji et apprenons à les lire. Remarquez que les ひらがな sont écrits dans le sens traditionnel, c'est-à-dire de haut en bas et de droite à gauche. Vous devez donc lire le tableau en suivant les colonnes, et non pas les lignes, et commencer par le signe en haut à droite.

ta	た	sa	さ	ka	か	a	あ
chi	ち	shi	し	ki	き	i	い
tsu	つ	su	す	ku	く	u	う
te	て	se	せ	ke	け	e	え
to	と	so	そ	ko	こ	o	お

Pouvez-vous répondre aux deux questions suivantes :

1. Quel est le premier signe ひらがな ?...

2. Quelle colonne lisez-vous en premier et dans quel ordre ?..

(Les réponses sont : 1. • あ **a**
2. • あ **a** • い **i** • う **u** • え **e** • お **o**)

Les cinq premiers sons constituent les sons voyelles. Nous avons abordé la question de la prononciation au cours du chapitre 2 (p.30). Voici un aide-mémoire :

- あ **a** de t**a**ble....................................
- い **i** de p**i**sc**i**ne ....
- う **ou** de c**ou**rage ....
- え **é** de **été**..
- お **o** de p**o**tage ....

Comme vous l'avez vu au chapitre 2, les consonnes s'attachent aux sons voyelles pour former de nouveaux sons. Chacun de ces sons est représenté par un ひらがな. C'est pourquoi le syllabaire japonais est appelé « alphabet phonétique ». N.B. Notre alphabet est composé de 26 lettres utilisées dans diverses combinaisons pour former des sons.

練習一 Activité 1

Dans « À vous de jouer ! » p.68, vous avez associé six mots en ひらがな. Cette fois-ci, vous allez essayer de les lire. Utilisez pour cela le tableau des vingt premiers signes, p.70. Nous avons mentionné, entre parenthèses, la signification en français.

a. すし (sushi) ....
b. あき (automne)...................
c. こえ (voix) ....
d. つくえ (bureau), (table)....................
e. さとう (sucre) ....
f. せいと (élève) ....

Tableau des hiragana

Vous allez maintenant voir le tableau complet des ひらがな, p.70 et p.71. Soyez bien attentif(ve) à l'ordre des traits pour tracer les signes. Voici une explication du tableau à l'aide du premier signe あ :

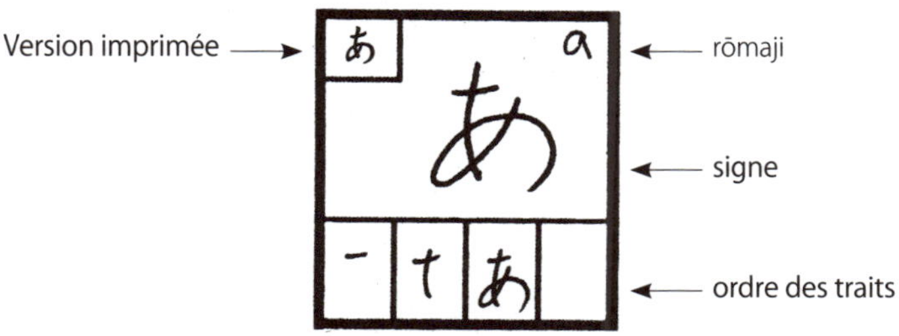

な na	た ta	さ sa	か ka	あ a
に ni	ち chi	し shi	き ki	い i
ぬ nu	つ tsu	す su	く ku	う u
ね ne	て te	せ se	け ke	え e
の no	と to	そ so	こ ko	お o

La version imprimée figure dans le tableau, dans le coin en haut à gauche de chaque case, car elle est parfois légèrement différente de la version manuscrite. Exercez-vous à écrire les ひらがな, car cela vous aidera aussi à retenir leur prononciation. Les règles de base que vous avez apprises pour les 漢字 s'appliquent ici aussi. Il faut tracer les traits horizontaux de la gauche vers la droite et les traits verticaux, ou en diagonale, du haut vers le bas. Quand vous écrivez un signe, si possible sur du papier millimétré, prononcez-le à haute voix.

練習二 Activité 2

Les activités de ce chapitre vous demanderont de vous reporter constamment aux différents tableaux. Ne cherchez surtout pas à apprendre tous les signes en une seule fois.

Nous vous aiderons prochainement à mémoriser les ひらがな.

Pour l'instant, concentrez-vous sur la lecture.

わ wa	ら ra	や ya	ま ma	は ha
	り ri		み mi	ひ hi
を o	る ru	ゆ yu	む mu	ふ fu
	れ re		め me	へ he
ん n	ろ ro	よ yo	も mo	ほ ho

Dans cette activité, chaque séquence de ひらがな provient d'une colonne, une ligne ou une diagonale d'un des deux tableaux. Lisez à voix haute chaque ひらがな puis vérifiez-en la lecture dans le coin en haut à droite de chaque case. Essayez ensuite de réciter la séquence dans sa totalité. Passez à la séquence suivante quand vous êtes capable de lire une séquence entière sans faire d'erreurs.

La première partie de cette activité porte sur le premier tableau (p.70).

1. La troisième colonne (à partir de la droite) : •さ•し•す•せ•そ
2. La troisième ligne (en lisant de droite à gauche) : •う•く•す•つ•ぬ
3. La diagonale du haut gauche vers le bas droit : •な•ち•す•け•お
4. La diagonale du haut droit vers le bas gauche : •あ•き•す•て•の
5. La deuxième colonne : •か•き•く•け•こ
6. La quatrième ligne : •え•け•せ•て•ね

Avez-vous remarqué que les syllabes d'une même ligne étaient toutes constituées du même son voyelle ?

Regardez à nouveau les séquences **1.** à **6.** puis répondez aux questions suivantes :

7. Combien de fois les signes…

• **a.** し .... • **b.** き .... • **c.** て .... apparaissent-ils ?

8. Quel signe apparaît trois fois ?............................

9. Quel signe apparaît le plus souvent ?..............

(Vous trouverez les réponses aux questions 7 à 9 dans les corrigés.)

La deuxième partie de cette activité porte sur le deuxième tableau (p.71).

10. La première colonne : • は • ひ • ふ • へ • ほ

11. La quatrième colonne : • ら • り • る • れ • ろ

12. La cinquième ligne : • ほ • も • よ • ろ • ん

13. La diagonale du haut gauche vers le bas droite : • わ • り • ゆ • め • ほ

14. La diagonale du haut droit vers le bas gauche : • は • み • ゆ • れ • ん

Regardez à nouveau les séquences 10 à 14 puis répondez aux questions suivantes.

15. Combien de fois les signes…

• **a.** れ .... et • **b.** ん............ apparaissent-ils ?

16. Combien de signes n'apparaissent qu'une seule fois ?

17. Quel signe apparaît le plus souvent ?

(Vous trouverez les réponses aux questions 15 à 17 dans les corrigés.)

Mémoriser les hiragana

Nous allons maintenant vous présenter des moyens mnémotechniques pour mémoriser les ひらがな grâce à des associations de sons et d'images. Il vous suffit d'associer la forme de chaque signe à une image ou histoire en lien avec ce son. Voici, par exemple, des idées pour les cinq premiers ひらがな.

Concentrez-vous sur les sons plutôt que sur les lettres ou l'orthographe.

Histoires

1. あ (**a**) est un chanteur d'opéra chantant une **a**ri**a**.
2. い (**i**) est un **i**r**i**s.
3. う (**u**) « **Ou**ille, j'ai mal au dos ! »
4. え (**e**) **é**tudier
5. お (**o**) est une **au**truche.

Vous avez certainement compris le procédé. Voici encore dix autres illustrations afin de vous aider. Si vous trouvez cette méthode utile, essayez de créer vos propres associations. Vous allez peut-être manquer d'inspiration au début. Essayez donc de n'en faire que quelques-unes à la fois et notez vos idées dans un cahier.

Histoires

1. ひ (**hi**) une personne en train de rire (**hi, hi, hi** !)
2. わ (**wa**) une personne très étonnée (**ouah** !)
3. く (**ku**) pour un **coucou**.
4. と (**to**) pour une **to**mate.
5. ね (**ne**) pour le monstre du Loch **Ne**ss.
6. よ (**yo**) pour **yoyo**.
7. ぬ (**nu**) pour **nou**illes.
8. し (**shi**) pour **chi**pie.
9. け (**ke**) pour **quê**ter.
10. こ (**ko**) pour **co**chon.

練習三 Activité 3

Maintenant que vous avez découvert les 46 symboles des ひらがな, vous allez vous exercer à lire quelques mots.

Afin de vous faciliter la tâche, nous avons créé trois groupes de mots.

- Le 1er groupe correspond au premier tableau,
- Le 2e groupe correspond au deuxième tableau,
- Et le 3e groupe correspond aux deux tableaux.

Essayez de voir combien de symboles ou de mots vous réussissez à lire de mémoire avant d'utiliser le tableau. Refaites cette activité en vous efforçant d'améliorer votre score à chaque fois. Quand vous connaissez déjà le 漢字 d'un mot, nous le faisons figurer entre parenthèses. Toutefois, le but principal de cette activité est de vous exercer à lire les ひらがな.

1er groupe

- **a.** あさ (matin) ....
- **b.** て (main, 手) ....
- **c.** なつ (été) ....
- **d.** とけい (montre) ....
- **e.** しお (sel) ....
- **f.** なに (que, quoi) ....
- **g.** ぬの (tissu) ....

2e groupe

- **a.** よる (soir) ....
- **b.** みみ (oreille, 耳) ....
- **c.** はる (printemps) ....
- **d.** ふゆ (hiver) ....
- **e.** むら (village) ....
- **f.** やま (montagne, 山) ....
- **g.** もり (forêt, 森) ......
- **h.** わん (bol) ....

3e groupe

- **a.** おはよう (bonjour (le matin)) ....
- **b.** さようなら (au revoir) ....
- **c.** ねこ (chat) ....
- **d.** せんせい (professeur) ....
- **e.** いぬ (chien) ....
- **f.** め (œil, 目) ....
- **g.** へそ (nombril) ....
- **h.** ひと (personne, 人) ....
- **i.** れい (exemple, 例) ....
- **j.** にほん (Japon, 日本) ....

i Hiragana similaires

Vous avez peut-être déjà confondu certains ひらがな similaires. Nous en avons établi la liste afin que vous puissiez identifier les différences et parveniez à faire la distinction. Vous pouvez remarquer que la ponctuation est pratiquement la même qu'en français.

き、さ。	き (ki) a deux traits horizontaux, さ (sa) n'en a qu'un.
さ、ち。	さ (sa) est incliné vers la gauche, ち (chi) ressemble au chiffre 5 mais le trait horizontal du haut a glissé.
い、こ。	い (i) est plus ou moins vertical, こ (ko) est horizontal.
い、り。	い (i), le trait de gauche est plus long que celui de droite, り (ri), le trait de droite est plus long que celui de gauche.
は、け、ほ。	け (ke) n'est pas terminé par une boucle, は (ha) n'a qu'un seul trait horizontal, ほ (ho) en a deux.
ほ、ま。	ほ (ho), le trait horizontal supérieur repose sur le haut du trait vertical alors que dans ま (ma), les deux traits horizontaux coupent le trait vertical.

す、む。	す (su) est incliné vers la gauche alors que む (mu) est incliné vers la droite et comporte un trait en plus.
ぬ、め、ね。	ぬ (nu) comporte deux traits qui partent du haut et il se termine par une boucle. め (me) a aussi deux traits mais pas de boucle et ね (ne) n'a qu'un seul trait qui part du haut.
る、ろ。	る (ru) est terminé par une boucle, ろ (ro) ressemble plutôt à un 3.

Sons contractés

Vous avez donc vu les 46 signes ひらがな de base. On peut obtenir des sons supplémentaires en combinant certains de ces signes. Les ひらがな se terminant par le son (**i**) (き, し, ち, に, ひ, み, り) sont associés à des petites versions de や, ゆ ou よ. Chaque son ainsi constitué ne forme qu'une seule syllabe. Regardez le tableau suivant :

→ き	ki	きゃ	kya	きゅ	kyu	きょ	kyo
し	shi	しゃ	sha	しゅ	shu	しょ	sho
ち	chi	ちゃ	cha	ちゅ	chu	ちょ	cho
に	ni	にゃ	nya	にゅ	nyu	にょ	nyo
ひ	hi	ひゃ	hya	ひゅ	hyu	ひょ	hyo
み	mi	みゃ	mya	みゅ	myu	みょ	myo
り	ri	りゃ	rya	りゅ	ryu	りょ	ryo

練習四 Activité 4

Nous allons utiliser ici un grand nombre d'onomatopées dont la langue japonaise abonde. Ces mots rappellent, par leur sonorité, le son produit par l'objet ou l'action qu'ils désignent. On peut citer en français : « ouaf, ouaf », « tic-tac » ou encore « bam ». Cependant, en japonais, l'utilisation des onomatopées est loin d'être limitée aux enfants.

Autre remarque : un grand nombre de ces onomatopées contiennent des voyelles longues. Cet allongement se fait généralement par l'addition d'un う (u) à la fin de la syllabe. Le あ est parfois utilisé. Par exemple, le bruit d'une souris est prononcé ちゅうちゅう chuu chuu. Ce bruit est généralement transcrit chū chū, le trait au-dessus de la voyelle représentant le (u) supplémentaire.

Laissez les deux sons s'entremêler doucement, ne séparez pas ちゅ (chu) et う (u).

Entraînez-vous à lire les onomatopées suivantes. Vous pouvez bien sûr vous aider du tableau précédent. Vous trouverez aussi dans l'activité deux autres signes que vous avez déjà rencontrés : ん (n) et ろ (ro).

a. きゃあきゃあ rire aux éclats..............................

b. しゅんしゅん son pétillant (1)..........................

c. しゅうしゅう son pétillant (2)..........................

d. ちゅうちゅう couinement de souris.............

e. にゃあにゃあ miaulement.................................

f. ひゅうひゅう son sifflant ....

g. ひょろひょろ en titubant...................................

h. きょろきょろ regard curieux.............................

Hiragana et variations phoniques

Vous avez maintenant vu pratiquement toutes les règles supplémentaires pour les ひらがな. Si vous souhaitez toutefois faire une pause, vous pouvez passer aux chapitres sur les 漢字 et revenir ultérieurement sur ce chapitre sur les ひらがな. Vous n'êtes absolument pas censé(e) mémoriser tout en une seule fois. Souvenez-vous que c'est vous qui fixez votre rythme.

La prononciation de certains ひらがな change lorsque l'on ajoute deux petits traits ゛(ten ten) en haut à droite du signe. Regardez les exemples suivants :

1. Le son **k** devient **g** (comme dans « **g**âteau »).

か	き	く	け	こ	→	が	ぎ	ぐ	げ	ご
ka	ki	ku	ke	ko		ga	gi	gu	ge	go

2. Le son **s** devient **z**.

さ	し	す	せ	そ	→	ざ	じ	ず	ぜ	ぞ
sa	shi	su	se	so		za	ji*	zu	ze	zo

*じ est prononcé ji.

3. Le son **t** devient **d**.

た	ち	つ	て	と	→	だ	ぢ	づ	で	ど
ta	chi	tsu	te	to		da	(ji	zu) *	de	do

*Les sons ぢ (ji) et づ (zu) sont peu utilisés car ils forment les mêmes sons que じ (ji) et ず (zu). Voir le point **2.**

4. Le son **h** devient **b**.

は	ひ	ふ	へ	ほ	→	ば	び	ぶ	べ	ぼ
ha	hi	hu	he	ho		ba	bi	bu	be	bo

5. De plus, le son **h** se transforme en **p** si on ajoute un petit rond : °(maru).

は	ひ	ふ	へ	ほ	→	ぱ	ぴ	ぷ	ぺ	ぽ
ha	hi	hu	he	ho		pa	pi	pu	pe	po

Ces cinq ensembles couvrent toutes les variations phoniques des ひらがな. Regardez bien ces règles, cachez les rōmaji puis essayez de lire les ひらがな.

Passez ensuite à l'activité suivante.

練習五 Activité 5

Prononcez les symboles à haute voix ou écrivez-les. Reportez-vous aux règles précédentes pour vérifier vos réponses.

a. • ぎ	• じ	• び	• ぴ		....
b. • げ	• ぜ	• で	• べ	• ぺ	....
c. • が	• ざ	• だ	• ば	• ぱ	....
d. • ご	• ぞ	• ど	• ぼ	• ぽ	....
e. • ぐ	• ず	• ぶ	• ぷ		....

Vous souvenez-vous des sons contractés ? Les règles que nous venons de voir s'appliquent aussi à ces sons. Le tableau qui suit les regroupe. Nous avons également fait figurer la transcription en rōmaji. Cependant, cachez-la afin de vous exercer à lire les ひらがな.

ぎゃ	ぎゅ	ぎょ	gya	gyu	gyo
じゃ	じゅ	じょ	ja	ju	jo
びゃ	びゅ	びょ	bya	byu	byo
ぴゃ	ぴゅ	ぴょ	pya	pyu	pyo

Le petit つ (tsu)

La dernière règle dont vous avez besoin pour bien lire les ひらがな concerne l'utilisation du petit つ dans un mot. Lorsque vous rencontrez ce petit signe, ne le prononcez pas mais faites au contraire une petite pause (coup de glotte) avant de prononcer le son suivant. Cela se transcrit en rōmaji par le doublement de la consonne suivante. Voici quelques exemples en japonais, avec la transcription en rōmaji, suivis d'une aide pour bien les prononcer :

a. まって (Attends !)
matte
ma (pause) te

b. きって (timbre)
kitte
ki (pause) te

c. きっぷ (billet)
kippu
ki (pause) pu

読む練習五 Exercice de lecture (5)

Prenez une bonne inspiration ! Vous allez maintenant mettre en pratique tout ce que vous avez vu dans ce chapitre. Les premières activités vous permettent de réviser les points abordés dans les rubriques précédentes. Souvenez-vous que vous pouvez refaire ces activités autant de fois que nécessaire. Il ne s'agit pas d'avoir absolument tout bon dès votre premier essai !
La plupart des mots ci-dessous sont généralement écrits en 漢字. Nous les avons cependant fait figurer en ひらがな afin de vous faire pratiquer la lecture de ce syllabaire.

練習六 Activité 6

Cette activité utilise des ひらがな des premiers tableaux (pp.70-71) ainsi que des sons contractés, (p.75 et p.76).
Combien de mots réussissez-vous à lire ?

a. きゃく (client)..............................
b. きょう (aujourd'hui)..................
c. ぎゅうにゅう (lait)........................
d. しゃしん (photo)........................
e. じゃね (à bientôt).......................
f. ちょうしょく (petit déjeuner)..........................
g. ちゅうしょく (déjeuner)..................................
h. ひゃく (cent)..
i. びょういん (hôpital)..
j. りょこう (voyage)..

練習七 Activité 7

Cette activité utilise des ひらがな des deux tableaux (p.70 et p.71) et des ひらがな avec variations phoniques (p.76 et p.77). Combien de mots arrivez-vous à lire ?

a. みず (eau)..................................
b. かぎ (clé)...................................
c. じてん (dictionnaire).................
d. でんわ (téléphone)....................
e. たんぽぽ (pissenlit)...................
f. どきどき (bruit du cœur qui bat la chamade)..............................
g. がぶがぶ (gloups), son que l'on fait en buvant.........................

練習八 Activité 8

Vous allez maintenant vous entraîner à lire des mots contenant le petit つ (p.77).

a. ちょっと (un peu)..............................
b. まって (Attends !)............................
c. やっぱり (évidemment)..................
d. がっこう (école)..
e. がんばって (Bon courage !)..................
f. まっすぐ (tout droit)..................................

Hiragana et kanji

Vous avez certainement remarqué, notamment dans les titres de rubriques, que le japonais écrit est un mélange de ひらがな et de 漢字 (également de カタカナ, que nous aborderons au chapitre 9).

Les parties écrites en ひらがな jouent un rôle grammatical. Comme nous l'avons vu dans l'introduction, les enfants japonais apprennent à lire et écrire en n'utilisant que des ひらがな. Leurs écrits deviennent de plus en plus sophistiqués quand ils apprennent les 漢字, avec lesquels ils remplacent certains mots ou parties de mots écrits en ひらがな. Bien que cela semble plus facile de ne lire que des ひらがな, plutôt que de devoir apprendre deux mille 漢字, les textes deviennent, en réalité, plus faciles à lire grâce aux 漢字 car ceux-ci recèlent des indices visuels de décodage de sens.

練習九 Activité 9

Vous venez de voir que les ひらがな jouent un rôle grammatical. Vous allez maintenant voir ce point de façon plus concrète. Vous trouverez ci-dessous cinq verbes d'action du chapitre 4.
Les ひらがな situés après les 漢字 indiquent le « temps » du verbe.
Les terminaisons en ます indiquent le présent ou le futur, c'est-à-dire le non-accompli, par exemple : « je mange », « je mangerai ».
Les terminaisons en ました, quant à elles, indiquent le passé, c'est-à-dire l'accompli, par exemple : « j'ai mangé ».
Pour chaque verbe, c'est la lecture kunyomi (lecture japonaise) qui est utilisée. Les terminaisons sont en ひらがな. Dans les textes japonais, les lectures peu courantes sont transcrites en ふりがな. Les ふりがな sont des ひらがな écrits en dessous, au-dessus ou à côté du texte pour transcrire la prononciation.
Arrivez-vous à lire ces verbes ?

た a. 食べます « je mange ».....................	た 食べました « j'ai mangé »........................
の b. 飲みます « je bois ».........................	の 飲みました « j'ai bu ».............................
み c. 見ます « je regarde »......................	み 見ました « j'ai regardé ».........................
か d. 書きます « j'écris ».........................	か 書きました « j'ai écrit »...........................
はな e. 話します « je parle »........................	はな 話しました « j'ai parlé ».........................

練習十 Activité 10

Dans le chapitre 4, vous avez découvert le sens d'un ensemble de phrases en identifiant les mots clés. Cette fois-ci, vous allez essayer de lire ces mêmes phrases. Vous en êtes désormais capable car vous avez appris les ひらがな. Les lectures des 漢字 sont données en ふりがな. Vérifiez le sens des phrases en vous reportant au chapitre 4. Lisez à haute voix !

Point grammatical : は, を, に et が ont des fonctions grammaticales bien précises que nous verrons en détail au chapitre 10. Quand は a un rôle grammatical, il est prononcé わ. Quand au contraire, il fait partie d'un mot, il est prononcé « normalement » は.

	おんな	ひと	にほんご	まな	
1.	女	の人は	日本語を	学びました。	
	おんな	こ	どようび	やす	
2.	女	の子は	土曜日に	休みました。	
	おとこ	ひと	つき	み	
3.	男	の人は	月を	見ました。	
	はやし		もりた	はな	
4.	林	さんは	森田さんに	話しました。	
	おとこ	こ	うま	す	
5.	男	の子は	馬が	好きです。	
	おんな	ひと	たけ	こ	た
6.	女	の人は	竹	の子を	食べました。
	やまだ		くるま	う	
7.	山田	さんは	車を	売りました。	

まとめ Synthèse

Dans ce chapitre

- Vous avez appris les 46 signes ひらがな de base ainsi que les sons et règles associés.
- Vous avez eu l'occasion de les écrire et de lire des mots et phrases en ひらがな.
- Vous avez aussi vu les deux principales utilisations des ひらがな :
  - écrire des mots pour lesquels on n'utilise pas de 漢字.
  - indiquer des fonctions grammaticales et des terminaisons verbales.

Vous reverrez les ひらがな au chapitre 10. N'oubliez pas que vous pouvez, à tout moment, consulter ce chapitre si vous en ressentez le besoin.
Ne vous inquiétez donc pas si vous n'avez pas tout assimilé en une seule fois !

第六課 – Chapitre 6

Les kanji composés

Dans ce chapitre

- Vous apprendrez à décoder le sens de 30 nouveaux 漢字.
- Vous apprendrez à lire de nouveaux 漢字 composés.
- Vous réviserez, à l'aide d'activités, tous les 漢字 que vous avez appris.
- Vous apprendrez à lire et à écrire onze adjectifs.

はじめに Introduction

Vous avez vu au cours des chapitres 1 et 2 des 漢字 ayant trait à la nature. En voici une sélection. Vous souvenez-vous de leur signification ?

a. 土 ....
c. 女 ....
e. 口 ....
g. 日 ....
b. 木 ....
d. 石 ....
f. 馬 ....
h. 月 ....

À vous de jouer !

Comme vous l'avez fait dans les chapitres 1 et 2, essayez de voir si vous pouvez associer les dessins suivants aux 漢字 (**a** à **j**).

1. grand, haut 

2. vieux 

3. grand, gros 

4. petit 

5. oiseau 

6. riz 

7. fil 

8. vache 

9. hache 

10. être debout 

a. 立
c. 鳥
e. 大
g. 牛
i. 糸
b. 高
d. 米
f. 斤
h. 古
j. 小

Avez-vous réussi ? Vérifiez vos réponses dans les Corrigés, puis regardez comment on est passé du dessin au 漢字.

1. 高
grand, haut

2. 古
vieux

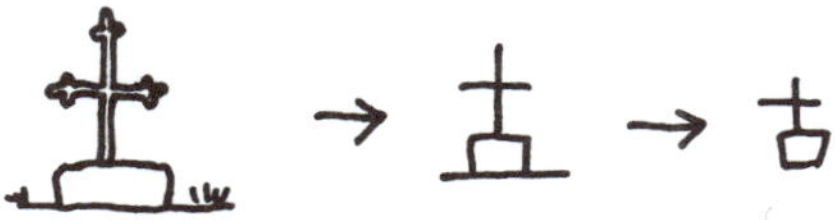

3. 大
grand, gros

4. 小
petit

5. 鳥
oiseau

6. 米
riz

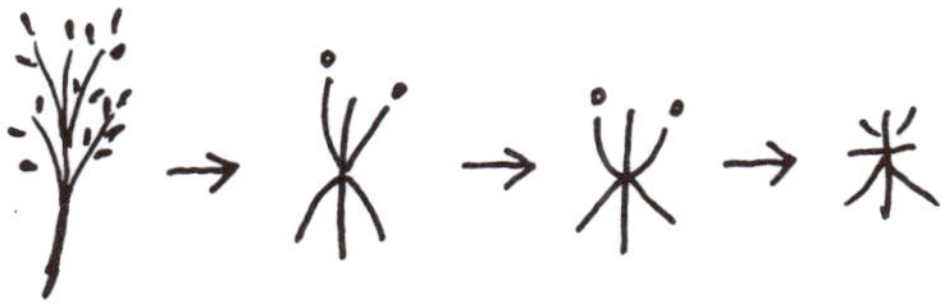

7. 糸
fil

8. 牛
vache

9. 斤
hache

10. 立
être debout

練習一 Activité 1

Associez les 漢字 (colonne de gauche) à leur signification (colonne de droite). Regardez à nouveau les dessins si vous avez besoin de vous rafraîchir la mémoire.

1. 牛	a. « petit »
2. 斤	b. « grand », « gros »
3. 高	c. « vieux »
4. 立	d. « grand », « haut » (signifie aussi « cher, onéreux ».)
5. 糸	e. « oiseau »
6. 古	f. « vache »
7. 小	g. « riz »
8. 鳥	h. « fil »
9. 大	i. « hache »
10. 米	j. « être debout »

Décoder les kanji

Seuls 2 ou 3 % des 漢字 sont des pictogrammes. Comme vous l'avez vu, un grand nombre de ces 漢字 pictogrammes peuvent être utilisés en tant que composants de 漢字 plus complexes. Nous verrons cela plus en détail dans le chapitre 7.

Le but de ce chapitre est de vous présenter quelques 漢字 plus simples qui vous aideront, à la fois dans ce chapitre et plus tard, à décoder la signification et la composition de 漢字 plus complexes.

Commençons tout d'abord avec quatre nouveaux 漢字 et regardons comment leurs composants peuvent être utilisés pour créer une histoire porteuse de sens.

1. • 母 « mère ». Vous pouvez distinguer la silhouette de 女 (**femme**) dans ce 漢字.  Les deux traits courts désignent la **poitrine**, d'où l'idée de **mère**.

2. • 安 « bon marché », « sûr », « paisible » ». On retrouve ici aussi le 漢字 de 女, femme. Le composant sur le dessus ressemble à un **chapeau**. Le 漢字 ressemble donc à une femme portant un **chapeau bon marché**. Ce caractère, quand il est utilisé pour les prix, est l'opposé de 高.

3. • 広 « large, spacieux ». La partie gauche fait penser à une **falaise** ou à une **grotte**. À. l'intérieur, se trouve une forme triangulaire avec une **large** base. Cela ressemble aussi à un **grand** nez.

4. • 新 « nouveau ». Vous avez appris les deux composants dans ce chapitre. À droite, vous trouvez 斤 (**hache**). À gauche, vous voyez 立 (**être debout**) et 木 (**arbre**). Il s'agit donc de **couper** un **arbre encore debout** afin d'obtenir du **nouveau** bois.

練習二 Activité 2

Vous allez maintenant essayer d'associer de nouveaux 漢字 à des histoires afin d'en trouver la signification. Trois des 漢字 représentent des couleurs (bleu, blanc, noir) et les deux autres signifient « père » et « pluie ». À vous de trouver les significations des 漢字 !

Commencez d'abord par regarder les 漢字 puis lisez les histoires, enfin établissez les associations.

a. 黒.............. b. 白 .... c. 青 .... d. 父 .... e. 雨 ....

1. **Pluie**. Ce 漢字 ressemble à des gouttes de pluie tombant contre une vitre.
2. **Blanc**. Les composants **soleil** (日) et **rayon** (trait court) représentent les rayons **blancs** du soleil.
3. **Père**. Il a une longue moustache et des fossettes !
4. **Noir**. Les composants **rizière**, **terre** et **feu** (quatre petits traits ressemblant à des flammes) représentent la couleur **noir** foncé que prend la terre une fois que les éteules de riz sont brûlées après la moisson.
5. **Bleu**. Ce 漢字 signifie aussi « vert », couleur des pommes vertes. Ses composants sont la lune et la terre avec un trait supplémentaire. L'ensemble représente une plante poussant du sol. On peut faire l'association avec la couleur « vert » car c'est la couleur des jeunes plantes. En outre, on peut faire un rapprochement entre la couleur « bleu » et un des composants – en effet, on parle parfois de Lune bleue.

練習三 Activité 3

Tout comme dans l'activité 1, vous allez vérifier si vous vous souvenez des neuf 漢字 que vous venez de voir. Reliez les 漢字 à leur signification.

1. 安	a. « père »
2. 雨	b. « mère »
3. 青	c. « blanc »
4. 新	d. « noir »
5. 広	e. « bleu », « vert »
6. 母	f. « bon marché », « sûr », « paisible »
7. 白	g. « large », « spacieux »
8. 黒	h. « nouveau »
9. 父	i. « pluie »

Kanji abstraits

Au chapitre 3, vous avez appris les 漢字 des nombres (一, 二, 三, etc.). Les nombres appartiennent à un petit groupe de 漢字 qui expriment des idées abstraites par le biais de lignes. Les 漢字 de « sur », « sous » et « dans » sont formés de façon similaire. Observez ces 漢字 :

1. 上 « au-dessus », « sur ». Le 漢字 est formé d'une base et d'un « t » au-dessus.
2. 下 « au-dessous », « sous ». Le 漢字 est formé d'une base et d'un « t » en dessous.
3. 中 « dans », « milieu ». Le 漢字 représente une boîte avec une ligne en son milieu.

Vous pouvez aussi vous représenter que 上 et 下 ressemblent respectivement à la pousse et aux racines d'une plante.

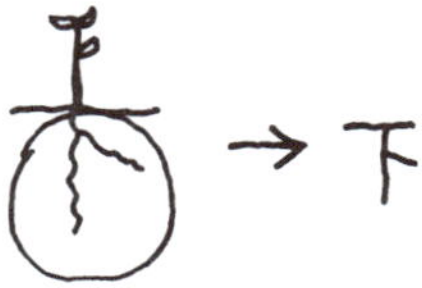

Vous avez maintenant appris 22 漢字 dans ce chapitre. Nous les avons groupés par thèmes afin de vous en faciliter la révision.

Adjectifs de couleur	Autres adjectifs	Personnes, animaux	Nature, éléments manufacturés	Position
• 青 « bleu »	• 大 « grand »	• 母 « mère »	• 雨 « pluie »	• 上 « au-dessus »
• 白 « blanc »	• 広 « large »	• 父 « père »	• 米 « riz »	• 下 « au-dessous »
• 黒 « noir »	•小 « petit »	• 牛 « vache »	• 斤 « hache »	• 中 « dans »
	• 古 « vieux »	• 鳥 « oiseau »	• 糸 « fil »	• 立 « être debout »
	• 新 « nouveau »			
	• 高 « grand », « cher »			
	• 安 « bon marché », « sûr »			

Construction de kanji : kanji complexes

Au cours des chapitres 2 et 4, vous avez vu que les 漢字 complexes étaient formés à partir de combinaisons de 漢字 plus simples. Vous avez vu notamment :

- 男 « homme » : 田 + 力 : celui qui se sert de sa force dans la rizière.
- 好 « aimer » : 女 + 子 : sentiment qui unit une femme et son enfant.

Regardons maintenant les 漢字 de ce chapitre qui sont aussi utilisés comme composants de 漢字 plus complexes.

雨 « Pluie » est utilisé comme composant de 漢字 plus complexes ayant trait au temps :

- 雲 « Nuage ». Les deux composants inférieurs sont « deux » et « forme triangulaire ».
  Mémorisez-les comme « deux formes de nuage ».
- 曇 « Temps couvert ». La partie inférieure est « nuage » et la partie supérieure est « soleil », 日. Le temps nuageux bloque le soleil.
- 雪 « Neige », (pluie gelée). La partie inférieure (ヨ) ressemble à 山, « montagne », vu de côté. Pensez à des montagnes recouvertes de neige.
- 雷 « Foudre ». La partie inférieure représente une rizière, un endroit où les cultivateurs font très attention à la foudre.
- 電 « Électrique ». Voici une évolution intéressante à partir de « foudre ». Cette fois-ci, vous pouvez voir un éclair au travers de la rizière, ce qui produit de l'électricité.

練習四 Activité 4

Vous allez maintenant identifier des 漢字 plus complexes en examinant les composants et en les associant à une signification. Écrivez le numéro de l'histoire qui définit le 漢字. Voici les 漢字 :

a. 犬	c. 音	e. 少	g. 霜 ....
b. 島	d. 辛	f. 鳩	h. 尖 ....

Histoires :

1. **Signification :** « île ». Le Japon est constitué de nombreuses petites îles, souvent de petites collines rocheuses au milieu de la mer avec pour seuls occupants des oiseaux. Ainsi, ce 漢字 représente un oiseau (sans les plumes de la queue) assis sur une montagne.
2. **Signification :** « colombe », « pigeon ». Les composants « oiseau » et « neuf » représentent une colombe.
3. **Signification :** « épicé ». Les composants « être debout » et « dix » donnent une idée d'arômes puissants capables de décupler les sensations sur les papilles.
4. **Signification :** « chien ». Le composant « grand » et un petit trait représentent un grand chien avec la langue pendante.

5. **Signification :** « son », « bruit ». Les composants sont : « être debout » et « soleil ». Se mettre au soleil et écouter les bruits.
6. **Signification :** « pointu », « aiguisé ». Aiguiser quelque chose implique, de fait, de le rendre plus petit.
7. **Signification :** « peu », « un peu ». Le caractère est composé de « petit » et d'une barre diagonale.
8. **Signification :** « gelée » ou « givre ». Les composants sont : « pluie », « arbre » et « œil». Le gel, issu de la pluie, fait naître sur les arbres des milliers d'yeux étincelants.

Enfin, le 漢字 de « gros » est 太. Il ressemble beaucoup à 犬 « chien ». Vous pouvez les différencier en vous rappelant que le petit trait dans « chien » représente la langue pendante et que celui de « gros » désigne la partie la plus large du 漢字.

Dans cette rubrique, vous avez découvert 14 nouveaux 漢字. En voici la liste. Vous souvenez-vous de leurs significations ? Relisez la rubrique si vous avez des doutes.

• 雪 • 雲 • 電 • 雷 • 霜 • 曇 • 犬 • 少 • 辛 • 音 • 尖 • 鳩 • 島

Construction de kanji : kanji composés (1)

Rappelez-vous que les 漢字 composés sont des mots créés à partir de deux 漢字 ou plus. Vous en avez vu des exemples au cours des précédents chapitres : 人口 « population », 日曜日 « dimanche » et 食物 « aliments ».

Les deux activités suivantes vont vous amener à réfléchir aux significations de nouveaux composés formés à partir de 漢字 que vous avez vus dans ce chapitre ou précédemment.

練習五 Activité 5

Cette activité utilise uniquement des combinaisons de 漢字 vus dans ce chapitre.

Faites correspondre les 漢字 aux termes en français.

a. 白鳥	c. 父母	e. 子犬	g. 広大 ....
b. 大雨	d. 青白	f. 子牛	h. 白米 ....

Significations :

1. vaste	3. veau	5. parents	7. pâle, blême
2. cygne	4. chiot	6. riz blanc	8. forte pluie

練習六 Activité 6

Cette activité utilise des 漢字 abordés non seulement dans ce chapitre mais aussi dans les chapitres précédents.

Les 漢字 des chapitres précédents sont :

- 年 « année »
- 学 « étudier »
- 女 « femme »
- 車 « véhicule »
- 手 « main »
- 人 « personne »
- 口 « bouche »
- 目 « œil »
- 聞 « écouter »
- 話 « parler »
- 中 « milieu »

Choisissez à nouveau le bon 漢字 et associez-le à sa signification en français. Vous trouverez entre parenthèses le sens littéral, lorsque le sens ne se déduit pas de façon évidente.

a. 新年	f. 小人	k. 上手................	p. 電話 ....
b. 青年	g. 大人	l. 下手................	q. 中古車..........
c. 少年	h. 糸口	m. 新車................	
d. 少女	i. 年上	n. 新聞................	
e. 大学	j. 目上	o. 電車................	

1. université (grandes études)
2. train (véhicule électrique)
3. bon en (main supérieure)
4. mauvais en (main inférieure)
5. jeune homme (années où on est un « bleu »)
6. vos supérieurs* (leurs yeux sont sur vous.)
7. enfant (petite personne)**
8. adulte (grande personne)
9. indice (la bouche du fil !)
10. téléphone (conversation électrique)
11. nouvelle année
12. plus âgé que vous (années au-dessus)
13. garçon (quelques années)
14. fille (un peu comme une femme)
15. voiture neuve
16. voiture d'occasion (au milieu du chemin vers la vieillesse)
17. journal (récemment entendu)

* Vos supérieurs sont souvent aussi plus âgés.

** Pour le terme « enfant », il est à préciser qu'on emploie généralement les 漢字suivants : 子供. Ici, le contexte est particulier : il s'agit de l'expression « tarif enfant » figurant sur les billets de train.

Vérifiez vos réponses dans les corrigés avant de passer à la rubrique suivante.

Construction de kanji : kanji composés (2)

Vous allez élargir vos connaissances de 漢字 composés en apprenant trois nouveaux 漢字 et en découvrant les 漢字 composés formés par association avec d'autres 漢字 abordés dans ce chapitre.

国 signifie « pays ». Ce 漢字 représente un roi (玉, lit. joyau) entouré des frontières (囗) de son royaume. Il est utilisé dans les composés suivants :

- 米国 « Pays du riz » est le nom japonais pour Amérique. Le riz américain est à grains courts comme le riz japonais et il est parfois vendu en tant que tel.
- 中米 « Riz moyen » désigne l'Amérique centrale.
- 中国 « Pays, Empire du Milieu » signifie la Chine, le pays au centre de l'Asie.
- 母国 « Mère patrie » désigne le pays d'origine, la patrie.
- 島国 « Pays île » signifie pays insulaire (comme le Japon ou l'Australie).

肉 signifie « viande » ou « chair ». On peut voir deux personnes (人) suspendues à un cadre !

- 牛肉 « vache » + « viande » signifie « bœuf ».
- 鳥肉 « oiseau » + « viande » signifie « poulet ».

校 représente la notion d'« école ». La partie gauche « arbre » (木) indique un bâtiment en bois. Au Japon, les écoles étaient traditionnellement construites en bois. La partie droite, quant à elle, représente le caractère « père » (父) auquel on a ajouté un chapeau. On peut y voir l'image du professeur.

- 学校 « étudier » + « école » signifie « école ».
- 小学校 « petite » + « école » désigne l'«école primaire ».
- 中学校 « milieu » + « école » désigne le « collège ».
- 高校 « élevé » + « école » désigne le « lycée » (abréviation de 高等学校).

練習七, Activité 7

Vous avez abordé 36 nouveaux 漢字 composés dans ce chapitre. Ils figurent tous dans la liste ci-dessous. Testez votre mémoire en indiquant à côté de chaque 漢字 sa signification. Vérifiez ensuite vos réponses en vous référant aux rubriques qui précèdent.

1. 白鳥	10. 青年	19. 上手	28. 牛肉 ....
2. 大雨	11. 少年	20. 下手	29. 鳥肉 ....
3. 父母	12. 少女	21. 新車	30. 学校 ....
4. 青白	13. 大学	22. 新聞	31. 小学校 ....
5. 子犬	14. 小人	23. 米国	32. 中学校 ....
6. 子牛	15. 大人	24. 中米	33. 高校 ....

7. 広大	16. 糸口	25. 中国	34. 電車 ....
8. 白米	17. 年上	26. 母国	35. 電話 ....
9. 新年	18. 目上	27. 島国	36. 中古車 ....

Lire les kanji

Dans cette rubrique, vous allez voir comment prononcer les onze adjectifs de ce chapitre. Regardez les lectures kunyomi (lectures japonaises) de ces 漢字 dans l'index de 漢字, p. 193.

•高 •安 •小 •大 •少* •古 •新 •太 •広 •白

*少 a deux lectures kunyomi : sukuna(i) signifie « peu », suko(shi) signifie « un peu »

Remarquez qu'une partie de ces lectures kunyomi est écrite entre parenthèses. Il s'agit de la partie écrite en ひらがな et non pas en 漢字. Par exemple, taka(i) s'écrit 高い et signifie « grand », « cher ».

Un conseil : mémorisez les lectures dans leur intégralité sans oublier la partie entre parenthèses.

Passez ensuite à l'activité suivante.

練習八 Activité 8

Vous allez maintenant vous exercer à lire complètement les onze adjectifs sans oublier les terminaisons en ひらがな. Même si vous n'avez pas travaillé le chapitre 5, vous pouvez faire l'activité, étant donné que la lecture du mot figure en entier dans l'Index de 漢字. Vous trouverez les réponses dans les Corrigés.

a. 高い	d. 大きい	g. 古い................	j. 広い ....
b. 安い.................	e. 少ない	h. 新しい	k. 白い..................
c. 小さい..............	f. 少し	i. 太い	

書く練習五 Exercice d'écriture (5)

Au cours des chapitres 1 et 2, vous avez appris quelques règles de base pour écrire les 漢字. Vous les avez mises en pratique au chapitre 3 en ce qui concerne les nombres et au chapitre 4 pour les verbes. Vous allez maintenant apprendre à écrire les dix 漢字 de l'activité 8. Utilisez du papier quadrillé et concentrez-vous sur les proportions et l'équilibre de chaque 漢字. Une fois que vous aurez acquis davantage d'assurance, vous pourrez tracer ces 漢字 de mémoire.

Quand vous tracerez des caractères, répétez à haute voix les significations et les différentes lectures afin de les graver dans votre mémoire.

高 高
丶 亠 高
安 安
丶 宀 安
大 大 一 ナ 大
小 小 亅 小
少 少 亅 小 少
古 古 一 十 古
新 新
丶 亠 立
新

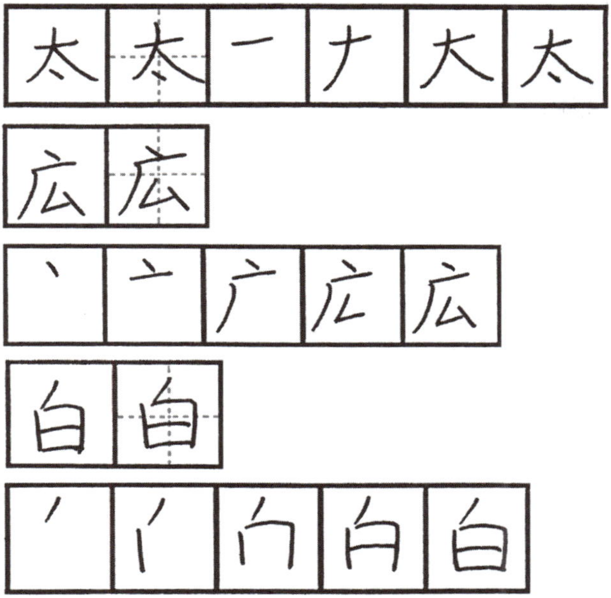

まとめ Synthèse

Dans ce chapitre

- Vous avez vu un ensemble de 39 漢字 à l'aide de moyens mnémotechniques et de l'analyse des composants des 漢字.
- Vous avez aussi appris 36 nouveaux 漢字 composés.
- Vous vous êtes exercé(e) à lire et à écrire les 漢字 de onze adjectifs.

Nous vous avons présenté au cours des chapitres 1 à 6, 97 漢字, 100 漢字 composés (dont 13 patronymes) et la totalité du syllabaire des ひらがな.

おめでとう (omedetō) Félicitations !

Bien sûr, vous n'avez peut-être pas tout mémorisé, mais le but de cet ouvrage est de vous aider à mieux comprendre l'écriture japonaise, à mieux en comprendre la construction et à décoder les 漢字. Même les Japonais oublient des 漢字 de temps en temps. Cela prend un certain temps d'apprendre les 漢字, mais n'oubliez pas que cela peut être amusant !

テスト • Test n°3

a. Le test n°2 en fin de chapitre 4 contenait la liste de tous les 漢字 que vous aviez vus jusque-là. Ce test-ci utilise tous les 漢字 du chapitre. Pouvez-vous tous les identifier ? Ils sont classés par nombre croissant de traits. Vous pouvez vous référer aux corrigés, mais ne vous inquiétez pas si vous ne réussissez pas du premier coup. Nous vous conseillons de faire plusieurs fois cette activité.

1. 上	9. 斤	17. 米	25. 国	33. 雲 ....
2. 下	10. 父	18. 安	26. 音	34. 新 ....
3. 小	11. 牛	19. 糸	27. 高	35. 雷 ....
4. 大	12. 立	20. 尖	28. 島	36. 電 ....
5. 中	13. 古	21. 肉	29. 校	37. 鳩 ....
6. 犬	14. 母	22. 辛	30. 黒	38. 曇 ....
7. 太	15. 広	23. 雨	31. 鳥	39. 霜 ....
8. 少	16. 白	24. 青	32. 雪	

b. Le but de cette activité est de vous faire travailler les composés que vous avez vus jusqu'ici. Nous n'avons pas inclus les noms de famille. Si vous voulez les réviser, reportez-vous à l'activité 7 du chapitre 2.

Les mots sont regroupés par thèmes, de façon un peu éloignée parfois. Que signifient-ils ?

Jours de la semaine

1. 日曜日 .... 2. 土曜日 .... 3. 水曜日 .... 4. 火曜日 ....

Ecole et études

5. 入学 .... 7. 中学校 .... 9. 休学 ....
6. 小学校 .... 8. 高校 .... 10. 見学 ....

Pays

11. 日本 .... 13. 米国 .... 15. 母国 ....
12. 中国 .... 14. 中米 .... 16. 島国 ....

Nourriture et boissons

17. 牛肉 .... 19. 食物 .... 21. 白米 ....
18. 鳥肉 .... 20. 飲物 .... 22. 飲水 ....

Transports

23. 電車 .... 25. 中古車 .... 27. 人力車 ....
24. 新車 .... 26. 馬車 ....

Animaux

28. 子犬 .... 29. 子牛 .... 30. 白鳥 ....

Personnes

31. 父母 .... 33. 大人 .... 35. 少女 ....
32. 小人 .... 34. 少年 .... 36. 女子 ....

Achats et voyages

37. 買物 .... 39. 入口 .... 41. 休日 ....
38. 見物 .... 40. 出口 ....

第七課 – Chapitre 7

Les clés de kanji

Dans ce chapitre

- Vous découvrirez, plus en détail, les différents types de 漢字.
- Vous verrez les clés et les composants de 漢字.
- Vous trouverez la signification de certains 漢字 grâce à leur clé.
- Vous apprendrez à écrire les 漢字 en respectant les bonnes proportions.

はじめに Introduction

Au cours des chapitres 2, 4 et 6, vous avez vu que des 漢字 simples pouvaient être utilisés en tant que composants de 漢字 plus complexes. Reportez-vous à ces chapitres si vous voulez vérifier vos connaissances.

Vous allez maintenant voir plus en détail comment décoder des 漢字 plus complexes. Révisez tout d'abord les 漢字 complexes que vous avez vus jusqu'ici.

1. Quelle est la signification des 漢字 suivants ?

a. 林	e. 明	i. 言	m. 買 ....
b. 森	f. 聞	j. 売	n. 休 ....
c. 男	g. 見	k. 読	o. 出 ....
d. 好	h. 書	l. 話	p. 学 ....

2. Quelle est la signification de la partie gauche des 漢字 suivants ? Vous ne connaissez pas encore la signification du 漢字 dans sa totalité. Reportez-vous p. 52 si vous souhaitez avoir plus d'informations au sujet de la partie gauche du premier 漢字.

a. 体	e. 孫	i. 畑	m. 針 ....
b. 唱	f. 時	j. 町	n. 転 ....
c. 埋	g. 肘	k. 眠	
d. 妹	h. 村	l. 談	

Les différents types de kanji

Les 漢字 se sont formés de plusieurs façons. Vous connaissez déjà les trois premières que nous vous rappelons ci-dessous.

1. Kanji pictogrammes

Ces 漢字 plutôt simples proviennent de dessins représentant la nature.
Exemples : 山 « montagne », 川 « rivière » et 人 (personne).

Ils constituent environ 2 à 3 % des 漢字.

2. Kanji abstraits simples

Ces 漢字 représentent des idées abstraites par le biais de symboles. C'est le cas des nombres, par exemple (voir chapitre 3). Il existe très peu de 漢字 de ce type.

3. Kanji pictogrammes complexes

Ils sont composés de deux 漢字 ou plus, qui, ensemble, prennent une nouvelle signification.

Exemples : • 林 « bois » = 木 + 木 arbre + arbre
• 男 « homme » = 田 + 力 rizière + force

Le deuxième exercice de l'introduction ci-dessus présente des exemples plus complexes que vous allez bientôt découvrir. Ce type de 漢字 représente, lui aussi, 2 à 3 % des 漢字.

4. Kanji associant son et signification

Une partie du 漢字 représente le sens général et l'autre indique la prononciation (onyomi ou lecture chinoise). Ainsi, vous pouvez, en identifiant les composants, élucider le sens du 漢字 et trouver sa prononciation. Les 漢字 suivants (exercice 2 de l'introduction ci-dessus), 時 et 転, sont des exemples de ce type de 漢字. Ce type de 漢字 représente environ 90 % de tous les 漢字.

Nous allons nous intéresser plus particulièrement aux catégories 3 et 4. Vous allez aussi apprendre à décoder les 漢字.

Les composants de kanji

Comme vous l'avez déjà vu, les 漢字 complexes sont composés de 漢字 plus simples que nous avons appelés « composants ». L'un de ces composants est appelé « clé » et donne souvent un indice quant au sens global du 漢字. De nombreuses clés sont également des 漢字, en général des pictogrammes simples. Dans les dictionnaires, les 漢字 sont classés par clés (même clé, même groupe). Vous verrez ceci de façon plus détaillée dans les pages qui suivent.

Dans l'exercice 2 de l'Introduction de ce chapitre, vous avez observé la partie gauche de chaque 漢字. Il s'agissait de la clé. Les clés se trouvent généralement dans la partie gauche du 漢字. Selon la classification chinoise traditionnelle, il existe 214 clés. Vous allez découvrir dans ce chapitre quelques-unes des clés les plus courantes afin de vous familiariser au système de clés de 漢字. Ceci vous permettra de vous constituer des bases solides que vous pourrez enrichir par la suite.

練習ー Activité 1

Vous allez maintenant décoder de nouveaux 漢字 (**a** à **l**) formés par la combinaison de deux 漢字 pictogrammes (catégorie 3, p. 96) ou plus. Vous avez déjà rencontré certains de ces nouveaux 漢字 dans l'exercice 2 de l'introduction. Vous trouverez, sous la liste de 漢字, une série de petites histoires illustrant la signification des 漢字. En observant les composants des 漢字, essayez de leur associer une histoire et d'attribuer ainsi aux 漢字 leur signification.

a. 信	d. 談	g. 語	j. 埋 ....
b. 唱	e. 孫	h. 炎	k. 旦 ....
c. 畑	f. 鳴	i. 焚	l. 姦 ....

Histoires et significations

1. Ces **trois femmes** ensemble sont très malicieuses ! **Signification :** « malice ».
2. Mettre du **feu** sur du **feu** crée une flambée. **Signification :** « flambée », « flamme ».
3. Un **feu** brûlant du bois (**deux arbres**). **Signification :** « brûler », « enflammer ».
4. Une **rizière** brûlée par un **feu** est prête pour les cultures. **Signification :** « champ cultivé ».
5. La **bouche** d'un **oiseau** produit des chants d'oiseaux. **Signification :** « chanter », « pépier », « gazouiller ».
6. Les **mots** prononcés par une **personne** doivent être crus. **Signification :** « croire ».
7. Ces **trois bouches** – les **traits** dans **deux** d'entre elles représentent la langue – chantent à l'unisson. **Signification :** « chanter », « réciter ».
8. Ils ont bêché la **rizière** et ont enterré le trésor dans la **terre** qui se trouve en dessous. **Signification :** « enterrer », « être enterré ».
9. **Prononcer** des **mots enflammés. Signification :** « paroles », « conversation ».
10. **Cinq bouches** qui **parlent**. En d'autres termes, cinq langues. **Signification :** « langue », « langage ».
11. Le soleil se lève au-dessus de l'horizon. **Signification :** « aube ».
12. **L'enfant** est relié à ses ancêtres par un fil **génétique**. (Il y a un court trait au-dessus du fil qui est attaché à l'enfant.) **Signification :** « petit-fils » ou « petite-fille ».

Quelques précisions sur les clés et les composants

Dans l'activité précédente, vous avez découvert la signification de certains 漢字 en associant les composants à une histoire. Vous pouvez procéder ainsi avec de nombreux 漢字, même si parfois l'histoire ou le lien sont assez étranges. Si vous ne modifiez pas le sens des composants, cette méthode peut s'avérer très utile pour décoder les 漢字. Elle constitue, en outre, une bonne gymnastique de l'esprit.

Vous avez déjà vu dans ce chapitre que, la plupart du temps, la clé donne le sens général du 漢字. Examinons cela plus en détail à l'aide de la clé 言, « dire ».

- 記 récit, histoire
- 証 preuve, certificat
- 談 conversation
- 語 langage
- 訳 traduction
- 調 ton, en musique (majeur, mineur...)
- 詩 poème
- 課 chapitre, leçon

Ces exemples montrent que cette clé donne des indications complémentaires sur la signification « mots » ou « paroles », y compris avec des « mots » musicaux que sont les notes de musique dans le cas de 調, « ton ». Regardons maintenant certaines des clés les plus courantes.

Souvenez-vous qu'il en existe 214 en tout et que le but de ce chapitre est de vous familiariser au système des clés et de vous montrer comment elles peuvent faciliter votre apprentissage des 漢字.

Voici les clés, situées dans la partie gauche, que vous avez repérées dans l'exercice 2 (Introduction). Vous avez déjà vu leur signification dans les chapitres précédents.

- 人 « personne »
- 口 « bouche »
- 土 « terre »
- 女 « femme »
- 日 « soleil, jour »
- 子 « enfant »
- 月 « lune, mois »
- 木 « arbre »
- 火 « feu »
- 田 « rizière »
- 目 « œil »
- 言 « parler », « mots »
- 金 « or », « métal » – en tant que clé, c'est généralement le sens de « métal ».
- 車 « voiture », « véhicule », « roue »

Vous avez déjà vu qu'un 漢字 pouvait changer légèrement de forme quand il était utilisé en tant que clé. Voici quelques exemples de ces modifications :

- Les clés peuvent êtres compressées : 埋 clé : « terre »
- Les clés peuvent avoir des traits plus courts : 林 clé : « arbre »
- Les clés peuvent avoir une forme différente : 休 clé : « personne »

Voici deux autres clés importantes à connaître dont la forme diffère du 漢字 que vous connaissez déjà :

En tant que clé située à gauche du 漢字, 水 « eau » devient : 氵, qui ressemble à des éclaboussures.

En tant que clé située à gauche du 漢字, 手 « main » devient : 扌. Le 漢字 est compressé et il manque le trait supérieur.

Vous devez retenir un dernier point avant de passer à l'activité suivante : deux des clés mentionnées ci-dessus ont deux significations différentes. Il s'agit de :

月, « lune ». La deuxième signification est : « chair » et provient de la version compressée de 肉, « chair, viande ».

日, « soleil ». La deuxième signification est « parler » et provient de 曰, « parler », caractère qui représente une langue dans une bouche. Cette utilisation est assez rare.

練習二 Activité 2

Vous allez observer plusieurs 漢字 dépourvus de leur clé. La signification du 漢字 dans son intégralité et une histoire vous sont données. À vous de trouver la clé appropriée dans la liste de clés ci-dessus. En additionnant la clé au composant, vous obtiendrez le 漢字 dans son intégralité.

Voici un exemple pour vous aider :

	Composant	Histoire	Signification	Clé	漢字
Exemple	舌, langue et bouche	Vous devez boire de l'**eau** pour vivre.	vivre	eau	活
a.	本, racine (d'un arbre).	La racine, l'origine d'un **homme** est son corps.	corps		
b.	丁, un jalon, un poteau.	Les **rizières** marquent les limites d'une ville.	ville		
c.	寸, mesure	Les villageois mesurent et coupent du **bois** pour construire leurs maisons.	village		
d.	未, un arbre avec de courtes branches en hauteur. C'est un arbre qui n'est pas encore arrivé à maturité.	Quelqu'un qui n'est pas encore une **femme**.	sœur cadette		
e.	丁, un jalon, un poteau.	Un **feu** sur un poteau constitue une lampe.	une lampe		
f.	斤, hache	Avec sa **main**, il brandit une hache pour fendre l'objet.	casser, plier		
g.	民, personnes, nation	Les gens ferment leurs **paupières** et dorment.	avoir sommeil		
h.	犬, chien	Les chiens aboient avec leurs gueules, ici avec leurs « **bouches** ».	aboyer		
i.	寸, mesure	Une partie du **corps (chair)** – du coude aux doigts – était utilisée en tant que mesure.	coude		
j.	白, blanc	L'hôtel où nous avons passé la nuit avait l'**eau** courante et de belles serviettes blanches.	loger, passer la nuit		

k.	十, dix	Imaginez toutefois que c'est une aiguille avec un fil qui en sort, représenté par le trait horizontal. Les aiguilles sont faites en **métal**.	aiguille		
l.	二 + ム, « deux » et une forme qui ressemble à un nez. Dans le 漢字, le « deux » est au-dessus du nez.	Les deux roues du **véhicule** sont en rotation.	tourner, rouler, être en rotation		
m.	寺, terre et mesure = temple Pensez aux moines bouddhistes qui délimitent leur terrain avant de construire le temple.	La cloche du temple sonne à toutes les heures de la **journée**.	temps, heure		

Alors, comment vous en êtes-vous sorti(e)? Voici les 漢字 avec leur clé et leur signification.

- a. 体 « corps »
- b. 町 « ville »
- c. 村 « village »
- d. 妹 « sœur cadette »
- e. 灯 « lampe »
- f. 折 « plier »
- g. 眠 « avoir sommeil »
- h. 吠 « aboyer »
- i. 肘 « coude »
- j. 泊 « loger »
- k. 針 « aiguille »
- l. 転 « tourner, rouler »
- m. 時 « heure »

練習三 Activité 3

Dans l'exercice 2 de l'introduction de ce chapitre, vous avez repéré les clés situées dans la partie gauche mais vous ne connaissiez pas encore la signification des 漢字 dans leur intégralité.

Maintenant, c'est chose faite ! Reprenez l'exercice 2 p. 96 et voyez si vous parvenez à décoder tous les 漢字. Vous trouverez les réponses dans les activités 1 et 2, p. 97 et 100.

Trouver la clé

Jusqu'à présent, vous avez observé des clés situées à gauche du 漢字. C'est, en effet, la position où on les trouve le plus fréquemment. Mais ce n'est pas la seule. Regardez les exemples suivants :
La clé est entre parenthèses.

• À droite	形	forme	(彡)	都	grande ville	(阝)
• Au-dessus	茶	thé	(艹)	安	bon marché	(宀)
• En dessous	楽	apprécier	(木)	急	urgence	(心)
• Autour – complètement	国	pays	(囗)			
• Autour – en partie	店	magasin	(广)	道	route, chemin	(辶)
	聞	écouter	(門)			

Certaines clés peuvent se trouver à plusieurs endroits.
On peut, par exemple, trouver 木, « arbre » :

1. à gauche : 林, « bois ».
2. au-dessus : 査, « examiner », « enquêter ».
3. en dessous : 楽, « apprécier ».

Selon leur position, certaines clés peuvent changer de forme.
Par exemple, 火, « feu » :

1. à gauche : 畑, « champ »
2. en dessous : 煮, « faire bouillir ». La clé ressemble ici à quatre petites flammes.

Ou encore, 心, « cœur » :

1. à gauche : 情, « sentiment ».
2. en dessous : 急, « urgence », « se dépêcher ».

練習四 Activité 4

L'encadré suivant vous présente quelques clés courantes situées **à droite**, **au-dessus**, **en dessous** et **autour** du ou des composants. Vous trouverez aussi leur signification.

艹	végétation	亠	couvercle	宀	chapeau
阝	village	冖	couvercle	火	ou 灬 feu
⺮	bambou	囗	cadre	穴	trou
⻗	pluie	气	vapeur	忄	ou 心 cœur
欠	bâillement				

Regardez les 漢字 ci-dessous, de **a** à **m**, et trouvez :

- La clé. Vous pouvez vous aider de l'encadré.
- Sa localisation.

N'oubliez pas que la clé peut vous vous donner une indication sur le sens global du 漢字.

Observez l'exemple qui figure dans la première ligne du tableau.

Caractère	Clé	Position
芋 « pomme de terre »	végétation	au-dessus
a. 安 « bon marché »		
b. 花 « fleur »		
c. 京 « capitale »		
d. 都 « grande ville »		
e. 図 « carte », « schéma »		
f. 歌 « chanson »		
g. 筆 « pinceau»		
h. 黒 « noir »		
i. 空 « air », « ciel »		
j. 軍 « armée »		
k. 気 « esprit »		
l. 思 « penser »		
m. 雪 « neige »		

Lire les kanji

Vous avez déjà vu dans ce chapitre que si la clé donne souvent une indication sur le sens, l'autre composant du 漢字 donne parfois une information sur la prononciation (onyomi). Vous trouverez ci-dessous six 漢字 dont la partie droite est identique. Il s'agit de « temple » et la lecture est soit JI soit SHI.

- 寺 « temple » JI
- 時 « temps » JI
- 持 « tenir » JI
- 侍 « samouraï » JI
- 峙 « se dresser» JI
- 詩 « poème » SHI

Remarquez que la partie gauche, la clé, vous renseigne sur la signification du 漢字.

Ainsi, 詩, « poème », comprend la clé : 言, « dire », « mots ».
持, « tenir » comprend la clé : 手, « main » avec de légères modifications.

Regardez les clés des autres 漢字 et voyez comment ils peuvent vous offrir des indications sur le sens. La clé de « temple » est « terre ».

練習五 Activité 5

Dans cette activité, vous allez vous intéresser à des 漢字 dont la partie droite est la même pour tous. Il en va donc de même pour la lecture onyomi.

Vous devrez associer les 漢字, formés de la clé proposée et de la partie droite, à leur signification. Pour cela, la signification de la clé vous sera très utile. Vous pouvez vous reporter aux pages précédentes afin de vérifier vos connaissances à ce sujet.

Observez les premiers exemples ci-dessous.

Partie droite : 召 (SHŌ) **Signification :** appeler, convoquer

Clé	漢字	Association	Signification
1. 手	招	a	**a.** faire signe, inviter
2. 日	昭		**b.** hériter
3. 水	沼		**c.** décret impérial
4. 糸	紹		**d.** clair, manifeste
5. 言	詔		**e.** marais, marécage

Réponses

1. a. 招 Explication : faire signe avec la main.
2. d. 昭 Explication : soleil et clair.
3. e. 沼 Explication : les marais sont gorgés d'eau.
4. b. 紹 Explication : la succession tisse des liens entre les proches.
5. c. 詔 Explication : convocation orale = décret.

Avant de commencer l'activité

Regardez les exemples précédents.

• Parfois, la signification de la partie droite peut figurer de façon très claire dans l'explication, comme dans **a**, **d.** et **e**. Parfois, c'est beaucoup moins évident, comme dans **b.** et **c.**

• Les clés vous sont données dans leur forme pleine mais elles peuvent aussi changer quelque peu de forme quand elles sont utilisées en tant que composant d'un 漢字, comme dans **a.** et **e.**

I. **Partie droite :** 青 (SEI) **Signification :** bleu

Clé	漢字	Association	Signification
1. 心, cœur	情	→ e	**a.** purifier, nettoyer
2. 日	晴		**b.** demander, prier
3. 水	清		**c.** esprit, riz blanc, pureté
4. 言	請		**d.** beau temps, s'éclaircir
5. 米, riz	精		**e.** sentiment, émotion

II. Partie droite : 乍 (SAKU) Signification : couper

Clés	漢字	Association	Signification
1. 日	昨		a. hier, précédent
2. 人	作		b. faire, créer, préparer
3. 火	炸		c. vinaigre
4. 酒, liquide, alcool	酢		d. explosion

III. Partie droite : 干 (KAN) Signification : s'assécher, dessécher

Clés	漢字	Association	Signification
1. 水	汗		a. foie
2. 月, chair	肝		b. transpiration, sueur
3. 鼻, nez	鼾		c. ronflement
4. 竹	竿		d. perche, mât
5. 日	旱		e. sécheresse, temps sec

Comment utiliser un dictionnaire de kanji

Avez-vous réussi l'activité précédente ? Il importe de préciser que, même si un grand nombre de 漢字 sont constitués d'une clé qui renseigne sur le sens et d'un autre composant qui donne la lecture onyomi, tous les 漢字 ne suivent pas le même schéma. Cependant, grâce à de telles règles et « astuces », vous pourrez vous assurer de solides bases.

Il est nécessaire de bien connaître les clés quand vous commencez à vous servir d'un dictionnaire. Comme vous l'avez vu dans l'introduction générale, le Ministère de l'Éducation japonais a défini une liste de 1945 漢字 estimés nécessaires pour la vie de tous les jours. Cependant, un nombre largement supérieur de 漢字 est utilisé dans les écrits spécialisés, universitaires ou antérieurs à la Seconde Guerre mondiale. On peut comparer cela à la différence entre le nombre de mots d'un dictionnaire de langue française et le nombre de mots utilisés dans la vie courante par la plupart des Français. Un dictionnaire de 漢字 contient environ 5000 entrées mais un grand nombre de 漢字 sont pas d'usage courant.

Le dictionnaire de 漢字 utilisé le plus fréquemment par un public non japonais est le *Japanese-English Character Dictionary* d'Andrew Nelson, communément appelé « le Nelson ». Pour des références plus précises, reportez-vous à la bibliographie.

Pour chercher un 漢字, il convient d'en connaître la clé et de trouver les pages où sont regroupés tous les 漢字 possédant cette clé. Les clés sont classées par nombre de traits, à partir d'un trait jusqu'à seize ou dix-sept. Le nombre et le type de clés peuvent varier légèrement d'un dictionnaire à un autre. Un numéro est attribué à chaque clé, de 1 à 214. Ce numéro apparaît de façon claire en haut de chaque page. Vous pouvez donc facilement trouver la clé que vous cherchez. Vous trouverez une liste de toutes les clés avec leur numéro sur la couverture intérieure du dictionnaire.

Une fois que vous avez repéré la clé et que vous avez trouvé les pages concernées, vous devez compter les traits du 漢字, en laissant de côté la clé. Tous les 漢字 possédant la même clé sont classés selon le nombre de traits en dehors de la clé. Il peut y avoir jusqu'à 24 traits en plus de la clé pour les 漢字 très compliqués. De plus, sur le côté de chaque page, vous trouverez entre crochets la clé des 漢字 de la page avec le nombre de traits supplémentaires qui les composent. Vous ferez certainement des erreurs, au début, en comptant les traits. Mais souvenez-vous que « c'est en forgeant qu'on devient forgeron » ! Avec le temps, et l'expérience, vous serez tout à fait capable de chercher les 漢字 les plus compliqués. Vous voyez donc maintenant pourquoi bien écrire revêt une importance si particulière. Ainsi vous pouvez être sûr(e) du nombre de traits.

Si vous avez un dictionnaire de 漢字, commencez par chercher les 漢字 que vous avez rencontrés dans ce chapitre car vous en connaissez déjà la clé.

D'autres méthodes de recherche :

- D'après la prononciation. Si vous connaissez la prononciation du 漢字, vous pouvez la chercher dans l'index à la fin du dictionnaire. Regardez tous les 漢字 de même lecture jusqu'à ce que vous trouviez celui que vous cherchez. Notez le numéro à côté du 漢字 – un numéro est assigné à chaque 漢字 – et cherchez-le en bas de page afin de trouver votre 漢字.
- D'après la composition du 漢字. Dans certains dictionnaires, vous pourrez rechercher un 漢字 en le séparant en « partie droite » ou « partie gauche », « partie supérieure » ou « partie inférieure » ...

書く練習六 Exercice d'écriture (6)

Vous abordez maintenant votre dernier exercice d'écriture. Vous allez toutefois découvrir des techniques d'écriture de lettres au chapitre 10.

Nous allons insister ici sur les proportions des composants des 漢字, cet aspect a déjà été mentionné dans les chapitres 4 et 6. Les 漢字 suivants comportent des parties gauches que vous connaissez déjà en tant que 漢字 isolé mais dont la forme change légèrement quand ils sont utilisés en tant que clés.

Recopiez attentivement le modèle et observez les variations de taille, proportion et d'orientation de la clé. Remarquez comment le 漢字 est tracé et veillez à ce que les composants n'apparaissent pas comme des 漢字 séparés. En règle générale, dans un 漢字 divisé en parties gauche et droite, la partie gauche représente un tiers du 漢字 et la partie droite les deux tiers.

Vous allez maintenant tracer les 漢字 suivants :

- 時 « temps »
- 畑 « champ cultivé »
- 村 « village »
- 泊 « passer la nuit »
- 針 « aiguille »
- 転 « tourner »
- 妹 « sœur cadette »
- 埋 « enterrer »
- 気 « esprit »

泊 泊
針 針
転 転

まとめ Synthèse

Dans ce chapitre :

• Vous avez rencontré plus de 70 漢字 isolés et 38 clés parmi les 214 répertoriées.

Le but de ce chapitre était toutefois de vous aider à décomposer un 漢字 en composants afin d'en extraire la signification. C'est pourquoi il n'est pas nécessaire que vous vous efforciez de retenir tous les 漢字 que vous avez analysés dans ce chapitre. En effet, c'est la méthode d'élucidation de 漢字 qui prime sur la quantité de 漢字 mémorisés. Ainsi, l'index de 漢字, p. 193, ne mentionnera pas tous les 漢字 du chapitre.
Les 漢字 des activités 1 et 2 seront mentionnés à titre de référence.

Les chapitres 8, 9 et 10 s'appuieront sur les connaissances et les techniques que vous avez acquises grâce aux sept premiers chapitres.

Le chapitre 8 vous fera découvrir les panneaux d'information et les enseignes que vous verrez en allant au Japon.

Le chapitre 9 abordera les カタカナ « katakana », syllabaire utilisé pour transcrire les mots étrangers.

Le chapitre 10, enfin, vous offrira la possibilité de lire différents textes japonais.

Vous pouvez étudier ces chapitres dans l'ordre où vous le souhaitez. Le chapitre 8, par exemple, vous fera découvrir un grand nombre de signes. Vous aurez alors peut-être envie d'y jeter un coup d'œil, puis de passer à autre chose pour finalement y revenir plus tard.

C'est à vous de choisir, c'est vous qui prenez en charge votre apprentissage. Si vous trouvez qu'un passage est trop difficile, ou si vous voulez aborder un autre thème, vous pouvez passer à un autre chapitre.

第八課 – Chapitre 8

Les kanji utiles en voyage

Dans ce chapitre

- Vous apprendrez à lire des panneaux de la vie quotidienne et des informations écrites.
- Vous trouverez des indices et des histoires pour vous aider à mémoriser de nouveaux 漢字.
- Vous apprendrez à reconnaître différents styles d'écriture.

はじめに Introduction

Vous découvrirez de nombreux 漢字 et nous vous fournirons un grand nombre d'astuces pour les retenir. Cependant, vous n'êtes absolument pas censé(e) les retenir tous.

En effet, en plus du « parcours obligé », nous vous proposons un « parcours optionnel » constitué des rubriques « Construction de kanji ». Vous y verrez des 漢字 supplémentaires que vous pouvez laisser momentanément de côté si vous trouvez que les derniers acquis sont suffisamment importants.

Nous vous présenterons diverses situations d'utilisation de ces 漢字 : au restaurant, en train, à l'aéroport, dans les magasins... Ainsi, vous pourrez profiter de votre voyage de façon totalement autonome.

Lorsque nous voyageons, même dans notre région, nous avons constamment sous les yeux des panneaux d'information, des publicités... Nous relevons les informations utiles ou intéressantes – « À vendre », « Interdiction d'entrer » ou « Danger » – et oublions le reste.

Au Japon, les visiteurs, qui n'ont aucune connaissance de la langue, sont frappés par le peu d'informations qu'ils sont capables de tirer des panneaux et des affiches qui les entourent. Certaines informations sont cependant écrites en anglais, surtout dans les grandes villes comme Tokyo. Toutefois, votre expérience nippone sera beaucoup plus enrichissante si vous comprenez quelques informations écrites en japonais.

Quand les enfants apprennent à lire, ils ont tendance à déchiffrer tous les noms de magasins ou tous les panneaux de circulation qu'ils rencontrent. Vous aussi, dès que vous reconnaîtrez les panneaux les plus courants, vous ne pourrez vous empêcher de faire de même ! Les néons, les publicités, les enseignes, les lieux touristiques ou encore les panneaux dans les gares auront ainsi beaucoup moins de secrets pour vous et vous parviendrez beaucoup plus facilement à la destination de votre choix.

Ce chapitre-ci et le chapitre suivant vous présenteront un certain nombre de panneaux que vous serez amené(e) à rencontrer au Japon... et, d'ailleurs, pas seulement au Japon : en effet les émissions télévisées ou les films montrent souvent des néons ou des panneaux écrits en japonais, que vous serez bientôt capable de déchiffrer.

Dans les grandes villes en dehors du Japon, vous pouvez aussi voir des informations écrites en japonais dans les grands magasins, les boutiques spécialisées ou les restaurants japonais. Vous allez donc avoir de nombreuses occasions de mettre en pratique ce que vous apprendrez dans ce chapitre.

À vous de jouer !

Vous allez tout d'abord essayer de lire des panneaux usuels écrits avec des 漢字 étudiés dans les chapitres précédents. Les équivalents en français sont donnés. Si nécessaire, nous vous fournissons des indices entre parenthèses.

Associez les 漢字 à leur signification.

a. 入口........	d. 男...........	g. 電車...........	j. お寺..........	m. 出国........
b. 出口........	e. 上...........	h. 大人...........	k. 学校..........	n. 千円..........
c. 女..............	f. 下...........	i. 小人...........	l. 入国..........	o. 休日..........

1. immigration (entrer dans un pays)
2. train (véhicule électrique)
3. enfant (petite personne)
4. entrée
5. haut
6. 1000 yens
7. hommes
8. jour de congé
9. émigration (sortir d'un pays)
10. adulte (grande personne)
11. école
12. sortie
13. bas
14. femmes
15. temple

N.B. 上り « monter » et 下り « descendre » sont utilisés notamment dans les trains. Les trains 上り vont vers Tokyo alors que les 下り en partent.

Les kanji des lieux

Certains 漢字 désignent différents types d'endroits tels que les magasins, les pièces, les institutions publiques ou les bureaux.

En voici sept parmi les plus courants :

1. 店 « magasin »
2. 屋 « boutique », « toit »
3. 局 « bureau »
4. 所 « endroit »
5. 場 « endroit »
6. 館 « grande salle », « grand bâtiment »
7. 園 « jardin »

Regardons maintenant plus en détail chaque 漢字.

1. 店, « magasin ». La clé est 广, elle signifie « falaise discontinue ». 厂 signifie « falaise ».
   Ces deux clés suggèrent un type d'enceinte. Imaginez qu'elle est constituée par le toit et le mur du fond du magasin. Le mur à l'avant est bien sûr une vitrine, il est donc « ouvert ».
   À l'intérieur du magasin, vous trouvez 卜, « chance » et 口 « bouche ». Ces deux 漢字 : 占 signifient ensemble « dire la bonne aventure ».

Pour tenir un magasin, vous devez posséder un don divinatoire qui vous renseignera sur les désirs de vos clients !

2. 屋, « boutique », « toit ». La clé est 尸, elle signifie « drapeau ».
À l'intérieur, vous trouvez 至, « arriver », qui comprend la clé de la terre : 土.
Le drapeau annonce un magasin nouvellement construit – lien avec la terre – attendant l'arrivée des clients.

3. 局, « bureau ». La clé est à nouveau 尸, « drapeau ».
À l'intérieur, vous trouvez une « bouche » ou une « ouverture » entourée des deux côtés.
Ce 漢字 est utilisé pour des lieux tels que la poste.
Représentez-vous un guichet en verre derrière lequel l'employé est assis.
Le drapeau représente un tableau annonçant le numéro du client suivant.

4. et **5.** 所 et 場, « endroit ».
所 est généralement utilisé pour les bureaux tels que les agences de tourisme ou les bureaux de change.
場 signifie également « terrain », comme l'indique la clé de la terre, 土.
La clé de 所 est 戸, c'est-à-dire un drapeau avec le chiffre « un » au-dessus, ce qui signifie « porte ». Vous avez rencontré la partie droite dans le chapitre précédent : 斤 qui signifie « hache ». **Histoire :** Enfoncez une **hache** contre une **porte** afin de marquer un **endroit** !

6. 館, « grande salle », « grand bâtiment ». Ce 漢字 est souvent utilisé pour les bâtiments publics ou gouvernementaux.
Vous avez certainement reconnu la partie gauche. C'est la clé de la nourriture : 食.
La partie droite est 官 dont le sens global est « gouvernement ».
Les grandes salles, telles que les salles de concert ou les salles d'exposition, reçoivent très souvent des fonds de la part des administrations locales et vous pouvez souvent aussi y acheter des rafraîchissements !

7. 園, « jardin ». Ce 漢字 est très facile à retenir.
Il y a tout d'abord la clé que vous avez déjà abordée au chapitre précédent : 囗 qui signifie « cadre » ou, dans le cas présent, les murs qui entourent un jardin.
À l'intérieur de ces murs, vous trouverez de la terre : 土, et 口 – envisagez plutôt cela comme un étang.
À côté de l'étang, vous pouvez voir plusieurs petits sentiers.

Parvenez-vous à vous représenter l'ensemble ?

練習一Activité 1

Mettez maintenant en pratique ce que vous venez de voir. Vous connaissez déjà certains des 漢字 ci-dessous. Leur signification vous est donnée.

Souvenez-vous que, si vous voulez réviser un 漢字, vous pouvez, à tout moment, chercher le mot en français dans le lexique p. 200 dans lequel vous trouverez le numéro de page où le 漢字 a été abordé.

Certains des 漢字 ci-dessous vous sont, en revanche, inconnus mais des astuces vont vous permettre de les mémoriser.

- 売 vendre
- 書 écrire
- 本 livre
- 八百 800
- 肉 viande
- 飲 boire
- 車 véhicule
- 手 main

漢字	Signification	Explication
• 美術	art	Le premier 漢字 ressemble à un chevalet d'artiste.
• 市	ville, marché	Une femme avec un chapeau porte des sacs de courses.
• 工	construction	Ceci ressemble à un échafaudage ou à une tour.
• 公	public	八 + ム, qui ressemble à un nez. Huit personnes = le public.
• 図	dessin, carte	囗 est le cadre, l'intérieur est de l'art contemporain.
• 魚	poisson	Composants : crochet, rizière et feu. Le poisson est attrapé avec un crochet, cuit au feu de bois et mangé avec du riz.
• 酒	saké, alcool	La clé de l'eau représente un liquide et la partie droite ressemble à une carafe à décanter.
• 茶	thé	La clé de la végétation représente les feuilles de thé. L'ombrelle vous permet de boire le thé à l'ombre.
• 薬	médicament	La végétation et l'arbre représentent des plantes médicinales. 白, « blanc » et quatre traits courts représentent une aspirine effervescente.
• 洗	laver	Vous trouvez la clé de l'eau sur la gauche.

Vous allez maintenant associer des enseignes à leur signification en français.

N.B. Pour « pharmacie » et « librairie », vous devez fournir deux réponses – des 漢字 synonymiques étant en effet utilisés.

1. 公園....................	a. librairie (deux réponses)
2. 薬局....................	b. kiosque à journaux
3. 市場....................	c. pharmacie (deux réponses)
4. 図書館................	d. boucherie
5. 酒屋....................	e. toilettes (se laver les mains)
6. 喫茶店................	f. galerie d'art, musée
7. 売店....................	g. magasin de fruits et légumes (800 variétés !)
8. 薬屋....................	h. parc
9. 書店....................	i. poissonnerie
10. 肉屋....................	j. marché (endroit)
11. 酒場....................	k. bibliothèque
12. 美術館................	l. café, salon de thé (Observez bien les 2e et 3e 漢字.)
13. 工場....................	m. magasin de vins et spiritueux
14. 八百屋................	n. bar
15. 本屋....................	o. usine
16. 魚屋....................	
17. お手洗い..........	

Quelques précisions sur les lieux

Alors, comment vous en êtes-vous sorti(e)? Certains mots nécessitent une explication.

- 八百屋 signifie littéralement « 800 magasins ». Retenez plutôt 800 types de fruits et légumes.
- Vous avez certainement élucidé le sens de « 喫茶店 », « café », « salon de thé », grâce aux deuxième et troisième 漢字. Le premier, 喫, indique le sens général de : « manger », « boire », « fumer ». C'est sa clé 口 qui représente ce sens. Ce 漢字 n'est pas souvent utilisé et ce sont plutôt les deux autres 漢字 qui vous renseignent sur le sens.
- 市場, « marché » et 工場, « usine », sont tous deux implantés sur des terrains. Ils utilisent donc le 漢字 qui marque l'endroit : 場.
- Enfin, お手洗い, « toilettes », contient le hiragana お, utilisé comme préfixe de politesse devant certains termes. Il est parfois traduit par « honorable ». Ici, cela signifierait « honorable endroit pour se laver les mains » alors que le sens est tout simplement « toilettes » ! Le hiragana final い est parfois omis.

Construction de kanji – Autres noms de lieux

Comme vous l'avez vu dans l'introduction, cette rubrique fait partie du parcours optionnel.

Les 漢字 suivants sont souvent utilisés dans des noms désignant des lieux :

1. 主 « maître », « chef »	**3.** 便 « pratique », « commode »
2. 駅 « gare »	**4.** 行 « aller »

Observons maintenant ces 漢字 plus en détail.

1. 主 ressemble à un chandelier surmonté d'une flamme. Vous pouvez retenir le sens de « bougie », même si le sens réel est « maître ». C'est un composant des deux 漢字 suivants :
   - 駐 « résider », « s'arrêter »
   - 住 « résider », « habiter »
   - 駐 La clé est 馬, « cheval ». Autrefois, les auberges offraient une halte aux voyageurs et aux chevaux. Une bougie installée derrière la fenêtre vous montrait le chemin.
   - 住 La clé est 人, « personne ». Une personne est maître – sens réel de 主 – en sa demeure.

Lieu	Signification	Sens littéral
駐車場	parking	halte pour les véhicules
住所	adresse	lieu de résidence

2. 駅. La clé est 馬. La partie droite est une unité de mesure : 尺, le pied. Elle ressemble à un « R » que vous pouvez associer au « **R** » de t**R**ain. **Sens :** gare. Avant les trains, le transport était assuré par les chevaux.

3. 便 (commodité, courrier). La partie gauche est constituée de « personne ». La partie droite, quant à elle, est composée de : 一, « un » et de 曳, « secousse ». Voici deux termes qui utilisent ce 漢字. À vous de trouver l'histoire !

Lieu	Signification	Indices
便所	toilettes, urinoirs	Un endroit pour vos commodités – un lieu d'aisance, par exemple ? Le premier 漢字 peut avoir une image particulière ici !
郵便局	poste	Les deux premiers 漢字 signifient « courrier », le troisième signifie « bureau ».

4. 行, « aller ». La clé 彳 signifie « personne en mouvement ».

Lieu	Signification	Sens littéral	Histoire
銀行	banque	銀 signifie « l'argent en tant que métal ». La clé est 金, le métal.	**Aller** à la banque pour obtenir de l'**argent**.
商店街	quartier commerçant	• Vous avez bien évidemment reconnu 店. • 商 signifie « commerce ». • 街 est constitué de deux 土 disposés au milieu de 行 qui signifie « rue » ou « quartier ». Il s'agit de **terre empilée** pour former une route sur laquelle on peut **aller**.	**Quartier** de **magasins de commerce**.
旅行案内所	agence de voyages	• 旅行 signifie « voyage ». La clé de 旅 est 方, elle signifie « direction ». La partie droite est issue de 衣 signifiant « vêtements ». • 案内所 signifie lieu d'information. • Nous verrons 内 ultérieurement dans le chapitre.	**Aller**, 行, en **direction** des vacances avec une valise pleine de **vêtements**. **Histoire brève** pour 案 : les touristes seraient certainement heureux d'avoir des informations à propos d'une **femme** portant un grand **chapeau** dans un **arbre** !

5. D'autres lieux comprenant 所, « endroit ».

- 両替所, « bureau de change ». 両 signifie « les deux ». Vous pouvez y voir 山, « montagne » avec une petite montagne de chaque côté de la grande. La partie supérieure de 替 évoque deux personnes en train de pratiquer une transaction. Toutes deux profitent de cet échange.
- 精算所, « bureau d'ajustement des titres de transports ». Vous avez appris le premier 漢字 dans le chapitre 7 ; il signifie « pureté » ou « riz blanc ». La clé, 米, signifie « riz ». Retenez cette signification pour représenter le mot dans son intégralité. Autrefois, on utilisait en effet du riz, plutôt que de l'argent, comme moyen de paiement.

i Payer avec du riz dans le métro !

Saviez-vous que si vous prenez le métro au Japon et que vous ne connaissez pas le montant correspondant à votre destination, il vous suffit d'acheter le ticket le moins cher et de payer la différence, quand vous arrivez à destination, au 精算所, bureau d'ajustement des titres de transports ?

6. D'autres lieux comprenant 場, « endroit ».

- 切符売場, « guichet ». 売場 signifie littéralement « lieu de vente ». 切 signifie « couper », 刀 a la signification de « sabre ». 符 signifie « marque », « coupon » et contient, dans sa partie supérieure, 竹, « bambou » et, dans sa partie inférieure,付, « attacher ». Sans doute qu'autrefois un ticket était coupé dans du bambou !
- 劇場, « théâtre ». 劇 signifie « drame ». Si vous regardez attentivement le 漢字, vous apercevrez la forme d'une arcade avec des rideaux autour d'une scène et un acteur de kabuki s'y tenant au milieu !

7. D'autres lieux comprenant 館, « grande salle».

- 映画館, « cinéma ». Concentrez-vous sur 画, qui signifie « image ». Vous pouvez y voir quatre carrés représentant les écrans d'un cinéma multiplexe.
- 旅館, « auberge japonaise ». 旅 signifie « voyage ». Un endroit pour passer la nuit lorsque l'on voyage.
- 博物館, « musée ». Vous avez vu 物 au cours du chapitre 4, qui signifie « choses ». Observez 博, il signifie « doctorat » ou « estime ». Les choses que l'on estime sont conservées dans des musées. Imaginez aussi que la partie gauche de 博 est un ancien sabre japonais.

練習二 Activité 2

Dans la rubrique précédente de Construction de kanji, vous avez vu quinze nouveaux noms de lieux. L'activité suivante vous offre la possibilité d'évaluer le nombre de 漢字 que vous avez mémorisés. Si vous ne vous souvenez pas de tous les mots au premier essai, relisez les explications qui précèdent puis réessayez !

Associez les mots ci-dessous aux 漢字 de l'encadré. Les indications entre parenthèses vous donnent des indices.

1. agence de voyages (femme dans un arbre)
2. auberge japonaise (endroit de voyage)
3. musée (sabre japonais)
4. théâtre (arc de scène)
5. parking (halte pour les chevaux)
6. adresse (maître en sa demeure)
7. bureau d'ajustement des titres de transport (payer avec du riz)
8. change (deux personnes procédant à un échange)
9. quartier commerçant (terre en double pour une route)
10. gare (cheval + **R** de t**R**ain)
11. guichet (couper du bambou, endroit de vente)

12. banque (aller à la banque pour avoir de l'argent)
13. cinéma (quatre carrés = quatre écrans)
14. bureau de poste (courrier bureau)
15. toilettes (commodités, utilisez votre propre histoire)

a. 駐車場	f. 銀行	k. 切符売場 ....
b. 住所	g. 商店街	l. 劇場 ....
c. 駅	h. 旅行案内所	m. 映画館 ....
d. 便所	i. 両替所	n. 旅館 ....
e. 郵便局	j. 精算所	o. 博物館 ....

Lire les kanji des pancartes

Vous avez vu un total de 47 noms de lieux (ou 32 si vous avez laissé de côté la rubrique « Construction de kanji »). Vous allez maintenant apprendre à reconnaître des panneaux plus courants et des informations écrites comprenant des 漢字 ou des composants que vous connaissez déjà.

1. 車 véhicule	3. 国 pays	5. 物 chose
2. 屋 pièce	4. 席 siège	6. 料 tarif

Les transports

1. 車, « véhicule ». Voici cinq mots contenant 車 :

a. 空車 taxi libre
b. 満車 taxi occupé
c. 列車 train de grandes lignes
d. 寝台車 wagon-lit
e. 自転車 vélo, bicyclette

a. 空車 et b. 満車.

Ces 漢字 sont affichés sur les pare-brises des taxis et dans les parkings.

- 空 signifie à la fois « ciel » et « vide ». Si vous regardez attentivement le 漢字, on dirait un avion en train de décoller d'une piste ! Il est aussi utilisé dans 空港, « aéroport ».
- 満 signifie « plein » ou « assez ». La clé est celle de l'eau et vous reconnaissez un composant que vous avez vu dans ce chapitre : 両 « les deux » ainsi que la clé de la végétation. Histoire : de l'eau et de la végétation, les deux ensemble, suffisent pour vivre.

c. 列車.

Vous avez déjà rencontré 電車 « train électrique ». Ce terme est utilisé non seulement de façon générique mais aussi pour désigner les trains locaux, alors que 列車 est utilisé pour les trains de grandes lignes. Le composant de droite « 刂 » ressemble à un long rail de chemin de fer.

d. 寝台車.

台 signifie « marchepied » mais vous pouvez aussi y voir une personne avec un grand nez 厶, allongée sur un lit. 寝 signifie « dormir », il contient la clé 宀, qui signifie généralement « couvercle » mais ici « toit ». Sur la gauche, vous pouvez voir un composant qui ressemble à un lit posé à la verticale, du type de ceux des trains couchettes.

e. 自転車. Vous avez rencontré 転 « tourner » au cours du chapitre 7. 自 signifie « automatique » ou le réfléchi « soi-même ». Vous pouvez reconnaître 目, « œil », avec un petit trait supplémentaire. Imaginez qu'il s'agit d'un petit nez entre les yeux. Les Japonais montrent en effet leur nez, et non pas leur torse, lorsqu'ils veulent se désigner. Le tout forme un « véhicule en autorotation », autrement dit : un vélo !

À l'hôtel, au restaurant

2. 室, « pièce ». Ce 漢字 ressemble à 屋, que vous avez rencontré précédemment dans le chapitre, p. 114. La clé est différente ; il s'agit ici de 宀, couvercle, toit. La partie inférieure est la même : 至, « arriver ». Mais retenez plutôt la différence avec « magasin » : les pièces ont un toit ! Voici deux termes contenant 屋 :

a. 洋室 « chambre – pièce de type occidental ».
b. 和室 « chambre – pièce de style japonais ».

a. 洋室 et b. 和室 sont des termes utilisés dans les hôtels et dans les agences immobilières.

Les 和室, pièces de style japonais, ont des sols recouverts de tatamis, des futons en guise de lits et des baignoires de style japonais alors que les 洋室, pièces de style occidental, ont des sols recouverts de moquette et des lits et des baignoires de style occidental.

- 洋 signifie « océan », l'Ouest est en effet de l'autre côté de l'océan ! La clé est celle de l'eau. La partie droite est 羊, elle signifie « mouton » – vous pouvez d'ailleurs en voir les cornes ! Cet animal est associé à l'Occident.
- 和 est l'ancien caractère chinois qui désigne le Japon. Vous l'avez vu dans le sens de « paix » au chapitre 3, c'était un des composants du terme Shōwa. La partie gauche, 禾, représente les épis de riz dans les rizières et vous n'êtes pas sans savoir que le riz est la nourriture de base au Japon.

Chapitre 8

Dans les aéroports

3. 国, « pays ». Voici 5 termes comprenant ce 漢字 :

a. 国内 domestique
b. 外国 étranger
c. 外国為替 change
d. 国際電話 téléphone international
e. 入国管理 contrôle des passeports

a. 内 signifie « à l'intérieur, à l'intérieur du pays ». Vous pouvez distinguer une personne à l'intérieur d'un cadre. Ne confondez pas avec 肉, deux personnes à l'intérieur d'un cadre.

b. 外 signifie « à l'extérieur, à l'extérieur du pays ». La clé 夕 signifie « soir ». Mémorisez-la comme un croissant de lune et imaginez une personne 卜 admirant la lune à l'extérieur.

• 外国人 signifie « étranger ».

c. 外国為替 contient le caractère 替, qui signifie « échange » (p. 118).

d. 国際電話 Vous avez appris 電話, « téléphone », au cours du chapitre 6. 際 signifie « international ». Il contient la clé du village et 祭, qui signifie « fête, festival ». Vous pouvez imaginer que la partie haute du caractère représente une tente et la partie basse une table sur tréteaux prête à être utilisée pour une fête.

e. 入国管理 Vous devez tout d'abord entrer dans le pays et donc montrer votre passeport. Intéressez-vous maintenant à 管. Vous avez vu, p. 114, que le composant 官 signifie « gouvernement ». Le contrôle des passeports dépend effectivement des services de l'État.

Réservations et menus

4. 席, siège. La clé est 广 « falaise discontinue ». Mais imaginez plutôt, pour ce 漢字, que la clé représente le toit et le côté d'un train avec le câble électrique sur le dessus. Le composant à l'intérieur, ressemble quant à lui à un personnage de jeux vidéo ! Il a une tête carrée et un corps et des bras minces. Vous ne pouvez pas voir ses jambes car il est en position assise.

Voici deux termes contenant 席 :

a. 自由席 sièges libres
b. 指定席 sièges réservés

a. Vous avez déjà vu que 自 signifie « soi-même ». 自由 signifie « liberté ». Vous avez la liberté de prendre vos propres décisions. Associés à 席, ces deux 漢字 indiquent des sièges libres, non occupés.

b. 指 signifie à la fois « doigt » et « indiquer ». Le sens global est donné par la clé de la main dérivée du 漢字 : 手.

定 signifie « fixé(e)». Le sens global – « fixer une limite » – est donné par la clé 宀 (une couronne ou ici un couvercle). Par conséquent, les sièges désignés sont limités, réservés.

N.B. 定食 signifie repas fixé, c'est-à-dire : « menu ».

N'oubliez rien !

5. 物, chose. Vous avez rencontré ce 漢字 pour la première fois au chapitre 4, p. 59.

a. 荷物 bagage, colis
b. 忘れ物 objets trouvés

a. Afin de mémoriser 荷, représentez-vous une valise (口) émergeant du tapis roulant à l'aéroport.

b. 忘 signifie « oublier ». Souvenez-vous que la clé 心, le cœur, est utilisée pour les émotions ou les pensées. 亡 signifie « décédé » ou « perdu ». 忘れ物 désigne donc des objets perdus que nous appelons en français, d'une façon optimiste, « objets trouvés » !

Les droits d'entrée

6. 料, montant. Regardez la clé du riz, 米, et rappelez-vous que le riz pouvait être utilisé comme moyen de paiement.

a. 料金 prix, tarif (lit. tarif argent)
b. 無料 entrée libre (lit. pas de tarif)
c. 入場料 droit d'entrée (lit. entrer + lieu + tarif)

無 signifie « rien » et ressemble à une fenêtre de cellule sans prisonnier à l'intérieur.

練習三 Activité 3

Dans la dernière rubrique, nous vous avons présenté 22 nouveaux termes et trois nouveaux 漢字 plus généraux : 屋, 席 et 料. Combien pouvez-vous en reconnaître ? Indiquez la signification à côté des 漢字. Si vous ne vous souvenez pas de tous les 漢字 du premier coup, reprenez l'activité qui précède pour vous aider.

1. 空車	7. 和室	13. 入国管理	19. 忘れ物 ....
2. 満車	8. 国内	14. 祭	20. 料金 ....
3. 列車	9. 外国	15. 自由席	21. 入場料 ....

4. 寝台車	10. 外国人	16. 指定席	22. 無料 ....
5. 自転車	11. 外国為替	17. 定食	
6. 洋室	12. 国際電話	18. 荷物	

Construction de kanji – davantage de pancartes

Tout comme la rubrique « Construction de kanji » précédente, cette rubrique fait partie du parcours optionnel.

Voici trois composés contenant 室, pièce :

a. 浴室 salle de bains b. 化粧室 toilettes c. 待合室 salle d'attente

a. 浴室.
浴 signifie « se baigner ». Vous pouvez voir à gauche la clé de l'eau. La partie droite, quant à elle, ressemble à une maison.

N.B. Le terme pour les baignoires de style japonais est « 風呂 ». Ces baignoires sont plus profondes et moins grandes que celles de type occidental. On s'y assoit les genoux pliés et seule la tête dépasse de l'eau. 呂 signifie « colonne vertébrale ». Pouvez-vous distinguer les vertèbres ? On s'assoit en effet le dos bien droit dans la baignoire.

Prendre un bain au Japon

Synonyme de détente et de relaxation, c'est aussi un acte social dans la mesure où une hiérarchie stricte préside à l'ordre d'entrée dans le bain (le père, l'invité(e),...).

Veillez surtout à vous laver avant d'entrer dans le bain puis profitez de l'eau extrêmement chaude pour vous détendre.

b. 化粧室.
化粧 signifie « cosmétiques ». Imaginez la clé du riz comme une houppette à poudre. « Se repoudrer » est un euphémisme employé par les femmes pour « aller aux toilettes ».

c. 待合室.

Retenez que 待 signifie « attendre ». La clé est celle d'une personne en mouvement et la partie droite est 寺, temple.

Dans la rubrique précédente, p. 121, vous avez vu 和, « japonais » et 洋, « occidental ». Voici quatre autres termes :

- 和食cuisine japonaise
- 洋食cuisine occidentale
- 和式 style japonais
- 洋式 style occidental

練習四 Activité 4

Nous venons de vous présenter huit nouveaux composés.

Pouvez-vous les associer à leur signification ?

1. 和食	**a.** style occidental
2. 和式	**b.** style japonais
3. 待合室	**c.** cuisine occidentale
4. 浴室	**d.** cuisine japonaise
5. 風呂	**e.** salle de bains
6. 化粧室	**f.** baignoire japonaise
7. 洋食	**g.** salle d'attente
8. 洋式	**h.** toilettes

La carte du Japon

Vous allez apprendre à reconnaître les quatre îles principales et les villes importantes du Japon. Voyons d'abord les points cardinaux.

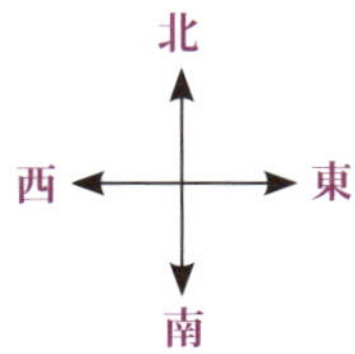

Voici quelques astuces pour vous aider à les mémoriser :

北, Nord. Cela ressemble à deux personnes se tenant dos à dos pour se réchauffer. Il fait en effet froid dans le Nord.

南, Sud. On y retrouve le symbole du yen : ¥. Il y a davantage d'argent dans le sud du Japon !

東, Est . Les composants sont : « soleil » et « arbre ». Le soleil apparaît à l'Est, derrière un arbre.

西, Ouest. Cela ressemble à 四, ne les confondez pas ! C'est le quatrième point cardinal.

Regardez maintenant la carte du Japon ci-après. Les noms des îles et des villes principales sont indiqués en 漢字 et en rōmaji. Combien de 漢字 reconnaissez-vous ? Vous trouverez une liste d'indices qui vous permettront de retenir ces noms. Vous ne connaissez pas encore les 漢字 pour les villes de Sapporo, Yokohama et Nagasaki. Nous les avons cependant fait figurer ici dans un souci de complétude.

Lieu	Signification des composants	Histoire
1. 日本	soleil + origine	Pays du Soleil levant.
2. 北海道	Nord + mer + chemin	Île du Nord, de l'autre côté de la mer.
3. 札幌	billet + bâche	Les Jeux olympiques y ont apporté beaucoup d'argent.
4. 本州	principal(e) + province	Principale, et plus grande, île du Japon.
5. 東京	Est + capitale	C'est une très bonne définition !
6. 横浜	côté + côte	Ville située sur la côte à côté de Tokyo.
7. 大阪	grand + colline	Cette ville est située sur une grande colline.
8. 京都	capitale + ville	Cette ville était l'ancienne capitale du Japon.
9. 広島	large + île	Cette ville se trouve dans une large baie constellée de petites îles.
10. 四国	quatre + pays	Cette île est la quatrième des îles principales du Japon.
11. 九州	neuf + province	Cette île est divisée en neuf provinces.
12. 長崎	long + promontoire	Description du port de cette ville.

Panneaux d'interdiction

Il est très utile, et parfois essentiel, d'être capable de lire ce type de panneaux. Une de mes amies a emprunté une route interdite à la circulation et s'est retrouvée prisonnière d'une tempête de neige car elle n'avait pas réussi à lire le panneau de signalisation. Elle a, par la suite, parfaitement retenu que 禁 signifiait « interdit ». La connaissance de ce seul 漢字 lui aurait permis de ne pas prendre cette route !

Voyons tout d'abord quelques 漢字 généraux marquant l'interdiction et nous verrons ensuite dans quelles circonstances ils sont utilisés.

- 禁止 défense, interdiction
- 禁 interdit • 止 arrêter
- 厳禁 défense absolue, strictement interdit
- 煙 fumer (clé du feu)
- 中 « milieu », mais aussi « pendant » ou « sous »

練習五 Activité 5

Voici quelques panneaux d'interdiction courants, dans lesquels vous trouverez les 漢字 que vous venez d'aborder et d'autres que vous connaissez déjà.

Associez chaque terme à sa signification en français.

1. 駐車禁止	**a.** Se déchausser avant d'entrer, chaussures d'extérieur strictement interdites
2. 立入禁止	**b.** Interdiction de fumer
3. 禁煙	**c.** Stationnement interdit
4. 土足厳禁	**d.** En travaux
5. 工事中	**e.** Interdiction d'entrer

Voici enfin trois autres signalisations et des astuces pour les mémoriser :

- 非常口, sortie de secours.
  非 ressemble à un chemin débroussaillé, ce qui en facilite l'accès.
- 注意, attention.
  注 **Histoire :** verser de l'eau sur une bougie afin de se protéger du feu.
- 危険, danger.
  危 ressemble à un serpent dans une boîte. C'est dangereux s'il s'en échappe !

Pancartes à retenir deux par deux

Les dix 漢字 suivants forment des paires d'antonymes.

	漢字	Signification	« Histoires »
1.	a. 左	• gauche	Je peux tracer un « i majuscule » dans ma main gauche.
	b. 右	• droite	Je suis adroit à l'oral.
2.	a. 押す	• pousser	La clé de la main pousse la porte.
	b. 引く	• tirer	引 ressemble à un arc que vous utilisez pour tirer une flèche.
3.	a. 開	• ouvrir	Les portes d'un ascenseur, par exemple, sont tenues ouvertes par deux personnes.
	b. 閉	• fermer	Une seule personne ne peut pas maintenir les portes qui, alors, se ferment.
4.	a. 到着	• arrivée	Rappelez-vous que 到 signifie « arriver ». Vous voyez le « nez de l'avion touchant le sol ».
	b.出発	• départ	出 signifie « sortir ».
5.	a. 営業中	• ouvert	営 est une colonne vertébrale surmontée d'un chapeau : un vendeur !
	b. 休業中	• fermé	休 signifie « vacances ».

Construction de kanji – autres pancartes

Voici, pour terminer, différentes pancartes qui font partie du parcours optionnel.

Au restaurant

焼 signifie « grillé ». On y voit la clé du feu et un composant qui ressemble à un barbecue.

Regardez les mots suivants.

漢字	Transcription	Signification
• 焼肉	yakiniku	Viande grillée
• 焼き鳥	yakitori	Brochettes de poulet
• お好み焼き	okonomiyaki	Une sorte de crêpe épaisse cuite, à votre table, sur une plaque en fer.
• すき焼き	sukiyaki	Bœuf grillé puis cuit avec des légumes dans une marmite en fer.

En train

	Transcription	Signification	Sens littéral, moyen mnémotechnique
• 新幹線	shinkansen	Sorte de TGV japonais	新, **nouveau**, devrait vous aider à mémoriser les 漢字.
• 地下鉄	chikatetsu	Métro	Littéralement : **terre + sous + fer**. Le fer représente le chemin de fer.
• 急行	kyūkō	Train express	Littéralement : « **se dépêcher** » + « **aller** »
• 特急	tokkyū	Train super express	Littéralement : « **spécial** » + « **se dépêcher** ».

練習六 Activité 6

Regardez ces photos de pancartes japonaises. Vous pouvez découvrir plusieurs styles d'écriture, aussi bien à la verticale qu'à l'horizontale. Combien de 漢字 reconnaissez-vous ? Vous aurez peut-être besoin, au cours de cette activité, de passer directement au test qui vous permet de réviser tout ce que vous avez vu dans ce chapitre. N'hésitez pas à faire plusieurs fois cette activité !

1.

2.

3.

4.

Le nom de l'entrée d'un temple.

5.

6.

7.

8.

9.

10.

11.

Shimokitazawa est le nom de...?
Regardez bien le dernier 漢字 !

12.
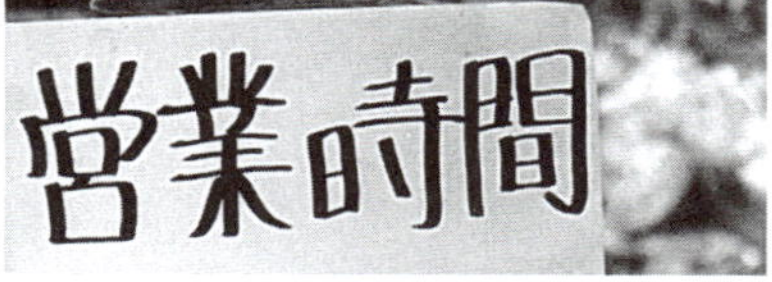

13. 国際電話

14. 自由

15. 空車

16. 和室

17. 立入禁止

18. 禁煙

Fabriquer des « cartes mémo »

Écrivez les 漢字 sur des petites cartes en papier. Utilisez un côté pour le 漢字 et l'autre pour sa signification en français. Testez vos connaissances à l'aide de ces « cartes mémo ». Regardez d'abord le 漢字, donnez sa signification puis retournez la carte pour vérifier votre réponse. Essayez d'en faire dix le matin et dix le soir, vous augmenterez ainsi petit à petit le nombre de 漢字 que vous connaissez.

まとめ Synthèse

おめでとう, omedetō. Félicitations!

• Vous avez rencontré un minimum de 76 nouveaux 漢字 dans ce chapitre.

Ce nombre ne comprend ni les 12 termes géographiques ni les 31 termes des rubriques du parcours optionnel. Cela fait un total de 119 caractères, ce qui constitue un nombre considérable de 漢字 que vous n'allez sûrement pas tous retenir du premier coup !

Pour vous aider à réviser vos connaissances et à les consolider, nous avons regroupé, dans le test d'unité, tous les 漢字 par thèmes. Combien pouvez-vous en reconnaître ?

Les 漢字 issus des rubriques « Construction de kanji » sont marqués d'un astérisque.

テスト • Test n°4

Écrivez, à côté de chaque 漢字, sa signification.

Général

1. 出口 ....
2. 入口 ....
3. 女 ....
4. 男 ....
5. 大人 ....
6. 小人 ....
7. お手洗い ....
8. 便所* ....
9. 化粧室 ....
10. 左 ....
11. 右 ....
12. 和式* ....
13. 洋式* ....

Achats et lieux

1. 店 ....
2. 肉屋 ....
3. 八百屋 ....
4. 本屋 ....
5. 魚屋 ....
6. 酒屋 ....
7. 喫茶店 ....
8. 酒場 ....
9. 書店 ....
10. 売店 ....
11. 薬局 ....
12. 薬屋 ....
13. 市場 ....
14. 公園 ....
15. 図書館 ....
16. 商店街* ....
17. 国際電話 ....
18. 銀行* ....
19. 郵便局* ....
20. 外国為替 ....
21. 両替所* ....
22. 駐車場* ....
23. 押す ....
24. 引く ....
25. 開 ....
26. 閉 ....
27. 営業中 ....
28. 休業中 ....
29. 工場 ....
30. 学校 ....

Tourisme et distractions

1. 美術館 ....
2. お寺 ....
3. 休日 ....
4. 祭 ....
5. 映画館* ....
6. 博物館* ....
7. 劇場* ....
8. 料金 ....
9. 入場料 ....
10. 無料 ....

Voyages et transports

1. 北 ....
2. 南 ....
3. 東 ....
4. 西 ....
5. 外国人 ....
6. 到着 ....
7. 出発 ....
8. 入国管理 ....
9. 国内 ....
10. 駅* ....
11. 電車 ....
12. 上 ....
13. 下 ....
14. 列車 ....
15. 寝台車 ....
16. 自由席 ....
17. 指定席 ....
18. 荷物 ....
19. 忘れ物 ....
20. 精算所* ....
21. 切符売場* ....
22. 旅行案内所* ....
23. 新幹線* ....
24. 急行* ....
25. 特急* ....
26. 地下鉄* ....
27. 空車 ....
28. 満車 ....
29. 自転車 ....
30. 待合室* ....

Logement

1. 旅館* ....
2. 洋室 ....
3. 和室 ....
4. 浴室* ....
5. 風呂* ....
6. 住所* ....

Interdictions, avertissements

1. 駐車禁止 ....
2. 立入禁止 ....
3. 禁煙 ....
4. 土足厳禁 ....
5. 工事中 ....
6. 非常口 ....
7. 注意 ....
8. 危険 ....

Aliments et boissons

1. 和食* ....
2. 洋食* ....
3. 焼肉* ....
4. 焼き鳥* ....
5. お好み焼き* ....
6. すき焼き* ....

第九課 – Chapitre 9

Les katakana

Dans ce chapitre

- Vous apprendrez à lire les 46 カタカナ (katakana) qui composent le syllabaire ou « alphabet phonétique ».
- Vous maîtriserez les règles pour créer des sons supplémentaires à partir des 46 signes de base.
- Vous découvrirez des associations entre sons et images qui faciliteront votre apprentissage.
- Vous apprendrez à écrire les カタカナ (katakana).
- Vous serez aussi capable de lire quelques mots et quelques phrases.

はじめに Introduction

Les カタカナ (katakana) sont les signes du syllabaire utilisé pour transcrire les mots d'origine étrangère utilisés en japonais (emprunts) ainsi que les noms propres étrangers (noms de pays, patronymes, etc.). La plupart des emprunts sont issus de l'anglais. Ainsi, une fois que vous aurez appris le syllabaire, et en faisant bien souvent appel aux connaissances que vous pouvez avoir en anglais, vous devriez être capable de trouver la signification d'un mot. Essayez surtout de bien prononcer le mot avec l'accent qui convient ! Apprendre les カカタナ peut se révéler très amusant. De plus, trouver la signification d'un mot peut parfois constituer un véritable défi.

Au chapitre 5, nous avons appris à lire les ひらがな.
Peut-être avez-vous décidé de passer d'abord au chapitre consacré aux 漢字 avant d'aborder les chapitres 5 et 9. Vous pouvez très bien travailler ce chapitre sans avoir appris au préalable les ひらがな. Cependant, comme la plupart des règles sont les mêmes pour les deux syllabaires, nous vous indiquerons les pages du chapitre 5 auxquelles vous référer.

Commencez tout d'abord par relire les pages de l'introduction consacrées aux différents types d'écriture de la langue japonaise (pp. 5-8), et plus précisément aux カタカナ.

À présent, êtes-vous capable de répondre aux questions suivantes ?

1. Dans quel cas utilise t-on les カタカナ? (Citez quatre utilisations.)

2. Quelle est l'origine des カタカナ?

3. De combien de signes est composé le syllabaire des カタカナ?

À vous de jouer !

Vous ne connaissez pas encore les カタカナ (à part les trois signes précédents) mais, tout comme dans le chapitre 5, vous allez associer les カタカナ identiques. Les six mots de la colonne de gauche (**a** à **f**) sont repris dans un ordre différent dans la colonne de droite. Associez-les, comme dans l'exemple, en indiquant la lettre qui convient.

a. ケーキ	スカート	....
b. アイス	ステーキ	....
c. トースト	ケーキ	..........a..........
d. ステーキ	スーツ	....
e. スカート	アイス	....
f. スーツ	トースト	....

Comment lire les katakana

Commençons par les quatre premières lignes du syllabaire des カタカナ avec leur prononciation en rōmaji et apprenons à les lire. L'ordre et la prononciation sont exactement les mêmes que ceux des ひらがな (vous pouvez vous référer aux pages 68-69) Seuls les signes changent. Les カタカナ sont écrits ici dans le sens traditionnel, c'est-à-dire de haut en bas et de droite à gauche. Vous devez donc les lire en suivant les colonnes, et non pas les lignes, et en commençant par le signe en haut à droite.

ta	タ	sa	サ	ka	カ	a	ア ↓
chi	チ	shi	シ	ki	キ	i	イ
tsu	ツ	su	ス	ku	ク	u	ウ
te	テ	se	セ	ke	ケ	e	エ
to	ト	so	ソ	ko	コ	o	オ

練習ー Activité 1

Dans l'activité « À vous de jouer ! », vous avez associé six mots en カタカナ. Essayez à présent de les lire. À l'aide des vingt signes ci-dessus, prononcez les six mots à voix haute et associez-les à leur signification.
N'oubliez pas que les カタカナ sont utilisés pour transcrire les mots étrangers – anglais, la plupart du temps. Leur prononciation est souvent modifiée afin de correspondre aux règles de la prononciation japonaise (chaque consonne est suivie d'une voyelle), mais vous pouvez généralement reconnaître le mot une fois que vous l'avez lu correctement.
Un tiret ー après un signe indique l'allongement du son voyelle. う (**u**) remplit cette fonction pour les ひらがな – voir p. 75.

a. ケーキ
b. トースト
c. ステーキ
d. アイス
e. スカート
f. スーツ

- jupe (*skirt*) ....
- gâteau (*cake*) ....
- costume (*suit*) ....
- glace (*ice*) ....
- steak ....
- toast ....

Mémoriser les katakana

Au cours du chapitre 5, vous avez vu comment mémoriser des ひらがな grâce à des associations de sons et d'images. Voici quelques exemples pour les カタカナ qui devraient vous donner des idées. Même si certains signes sont faciles à retenir, nous vous conseillons de n'en apprendre que quelques-uns à la fois !

- ア **a** ressemble à une **a**ntilope. 
- ム **mu** ressemble à un nez avec sa **mou**stache. 
- イ **i** ressemble à un **i** avec un toit. 
- エ **e** ressemble à une **épée**. 
- ロ **ro** ressemble à un **ro**bot. 

Tableau des katakana

Nous vous présentons le tableau complet des カタカナ ci-dessous en vous indiquant l'ordre des traits.
Il est construit sur le modèle de celui des ひらがな du chapitre 5 (p. 70).

ナ na	タ ta	サ sa	カ ka	ア a
ニ ni	チ chi	シ shi	キ ki	イ i
ヌ nu	ツ tsu	ス su	ク ku	ウ u
ネ ne	テ te	セ se	ケ ke	エ e
ノ no	ト to	ソ so	コ ko	オ o

Comme pour les ひらがな, en apprenant à écrire les カタカナ, vous apprendrez aussi à mieux les lire. Faites bien attention à l'ordre des traits et souvenez-vous qu'en général, on trace les traits horizontaux de gauche à droite et les traits verticaux ou en diagonale du haut vers le bas (les changements de direction sont signalés par une flèche à côté du signe).

Planifiez votre apprentissage

Ne vous fixez pas pour objectif d'apprendre tous les signes d'un coup, au contraire, n'hésitez pas à consulter à nouveau le tableau.

Vous pouvez créer vous-même un lexique de カタカナ pour ce chapitre. Vous pouvez, par exemple, classer les mots par thèmes (nourriture, boissons, nouveautés technologiques) ou les ranger par ordre alphabétique en utilisant les 46 signes de base (un par page) et en écrivant tous les mots commençant par ce カタカナ.

Quelle que soit la solution que vous adoptez, écrivez chaque カタカナ avec sa prononciation en rōmaji (si vous le souhaitez) ainsi que sa signification en français.

Vous pouvez ensuite tester vos connaissances en cachant la signification en français et voir si vous arrivez à lire les カタカナ.

練習二 Activité 2

Maintenant que vous avez découvert les 46 symboles des カタカナ, vous pouvez tester vos connaissances en lisant quelques mots. Comme dans le chapitre 5, nous avons constitué trois groupes de mots.

- Le 1er groupe correspond au premier tableau,
- Le 2e groupe correspond au deuxième tableau,
- Et le 3e groupe correspond aux deux tableaux.

Vous devez choisir la signification appropriée et prononcer les mots à haute voix. Même si vous ne savez pas lire tous les かな (kana), vous devriez être capable de réaliser l'exercice. Essayez de voir combien de symboles ou de mots vous réussissez à lire de mémoire avant d'utiliser le tableau.

Refaites cette activité autant de fois qu'il est nécessaire.

Prononciation du « r » et du « l »

La prononciation japonaise ne fait pas de distinction entre le son **r** et le son **l**. Si vous n'arrivez pas à déchiffrer un mot, remplacez le **r** par un **l.** Par exemple : ランチ (ranchi) signifie lunch.

1er groupe

a. ケーキ
b. ココア
c. タクシー
d. コート
e. セーター
f. スキー
g. テスト

- **1.** test...........
- **2.** ski.............
- **3.** cacao..........
- **4.** taxi...............
- **5.** gâteau (*cake*)...........
- **6.** sweat (*sweater*)........
- **7.** manteau (*coat*)...........

2e groupe

a. ラーメン
b. ハム
c. メモ
d. メロン
e. レモン

- **1.** mémo.......................
- **2.** citron (*lemon*)..........
- **3.** melon.......................
- **4.** jambon (*ham*).........
- **5.** rāmen (nouilles chinoises).....

3e groupe

a. チキン
b. アイスクリーム
c. カレー
d. ライス
e. トマト
f. レストラン
g. テニス
h. カメラ

- 1. restaurant ....
- 2. tennis ....
- 3. riz ....
- 4. poulet (*chicken*) ....
- 5. curry ....
- 6. glace (*ice cream*) ....
- 7. appareil photo (*camera*) ....
- 8. tomate ....

Similitudes graphiques

• Vous avez peut-être déjà confondu des カタカナ similaires. Nous en avons fait la liste afin que vous puissiez repérer leurs différences et que vous parveniez à faire la distinction.

• ア、マ	a, ma
• ク、タ、ヌ	ku, ta, nu
• ナ、メ	na, me
• シ、ツ	shi, tsu
• サ、セ	sa, se
• ウ、フ、ワ	u, fu, wa
• ル、レ	ru, re

N.B. Le trait le plus long dans シ est tracé vers le haut et les traits courts sont pratiquement à angle droit avec le trait le plus long.

Le trait le plus long dans ツ est tracé vers le bas et à un angle plus aigu. Les traits courts sont côte à côte.

• ン、ソ n, so

N.B. ン présente les mêmes caractéristiques que シ tandis que ソ présente les mêmes caractéristiques que ツ, mais n'a qu'un seul trait court.

• Certains カタカナ sont similaires à leurs équivalents ひらがな – ils proviennent généralement du même 漢字. Vous aurez donc plus de facilité à les retenir.

En voici la liste présentée dans l'ordre suivant : ひらがな, カタカナ puis transcription.

• う、ウ	u
• か、カ	ka
• き、キ	ki
• け、ケ	ke
• こ、コ	ko
• せ、セ	se
• に、ニ	ni
• へ、ヘ	he
• も、モ	mo
• や、ヤ	ya
• り、リ	ri

Katakana et variations phoniques

Les règles sont, ici aussi, exactement les mêmes que celles pour les ひらがな. Seule l'écriture diffère. Reportez-vous au passage consacré aux ひらがな p. 76, puis complétez les pointillés de l'activité suivante. Souvenez-vous, encore une fois, que c'est à vous de fixer votre rythme.

練習三 Activité 3

Quand vous ajoutez ten ten à certains symboles, le son du katakana est modifié.

1. Le son **k** devient **g** (comme dans « **gâ**teau »).

カ	キ	ク	ケ	コ	→	ガ	ギ	グ	ゲ	ゴ
ka	ki	ku	ke	ko		.....	.....	.....	.....	.....

2. Le son **s** devient **z**.

サ	シ	ス	セ	ソ	→	ザ	ジ	ズ	ゼ	ゾ
sa	shi	su	se	so		.....	.....	.....	.....	.....

3. Le son **t** devient **d**.

タ	テ	ト			→	ダ	デ	ド		
ta	te	to				.....	.....	.....		

4. Le son **h** devient **b**

ハ	ヒ	フ	ヘ	ホ	→	バ	ビ	ブ	ベ	ボ
ha	hi	hu	he	ho		.....	.....	.....	.....	.....

5. De plus, le son **h** se transforme en **p** si on ajoute un petit rond.

ハ	ヒ	フ	ヘ	ホ	→	パ	ピ	プ	ペ	ポ
ha	hi	hu	he	ho		.....	.....	.....	.....	.....

Reportez-vous au passage équivalent du chapitre 5 et vérifiez si vous avez correctement rempli les pointillés.

練習四 Activité 4

Nous allons vous aider à lire les カタカナ sans avoir à vous référer aux tableaux (sachez cependant qu'ils sont toujours là en cas de besoin !) Pour ce faire, nous allons réintroduire petit à petit quelques カタカナ et vous faire lire des mots qui en sont composés. Vous lirez un nombre de signes croissant et terminerez en lisant des mots les contenant tous. Pour chaque activité, observez les カタカナ et associez les mots à leur signification. Quand un symbole a des sons associés カ, ka et ガ, ga, la transcription de ceux-ci est mentionnée, même s'ils ne sont pas tous utilisés dans l'activité.

1. • サ sa • ザ za • シ shi • ジ ji
• ス su • ズ zu • チ chi • テ te
• デ de • ト to • ド do • ン n

a. トースト
b. デザート
c. チーズ
d. ジーンズ
e. シーン

• 1. jean..................................
• 2. fromage (*cheese*).............
• 3. toast.........................
• 4. scène ....
• 5. dessert ....

2. • カ ka • ガ ga • セ se • ゼ ze
• ソ so • ゾ zo • ツ tsu
• ハ ha • バ ba • パ pa

a. ソーセージ
b. ハンバーガー
c. パンツ
d. バス
e. スカート

• 1. pantalon..................
• 2. jupe (*skirt*)................
• 3. saucisse (*sausage*)............
• 4. bus ou bain ! (*bus* ou *bath* !)...
• 5. hamburger ....

3. • コ ko • ゴ go • タ ta • ダ da
• ヒ hi • ビ bi • ピ pi
• フ fu • ブ bu • プ pu

a. スカーフ
b. テープ
c. ピザ
d. バー
e. ヒーター
f. タバコ
g. ダンス

• 1. cigarette (*tobacco*) ....
• 2. cassette (*tape*) ....
• 3. chauffage (*heater*)..........................
• 4. bar..
• 5. écharpe (*scarf*) ....
• 6. pizza ....
• 7. danse ....

4. • キ ki • ギ gi • ケ ke • ゲ ge
• ヘ he • ベ be • ペ pe
• ホ ho • ボ bo • ポ po

a. チキン
b. ギター
c. パスポート
d. ペン
e. スーツケース
f. ボタン
g. ベンチ

• 1. passeport..
• 2. valise (*suitcase*) ....
• 3. poulet (*chicken*) ....
• 4. stylo (*pen*)...
• 5. banc (*bench*) ....
• 6. guitare...
• 7. bouton ....

5. Pour les sons **r** ou **l** :

• ラ ra • リ ri • ル* ru • レ re

• ロ ro

* ル est souvent utilisé pour le son **l** final, comme par exemple ホテル, « hôtel », ou プール, « piscine ».

a. サラダ
b. カレー
c. レンタカー
d. レストラン
e. フロント
f. アイスリンク
g. テーブル
h. ダブル
i. ゴルフ
j. ビール
k. セール
l. ベースボール

- **1.** table ....
- **2.** curry ....
- **3.** golf ....
- **4.** réception (*front*) ....
- **5.** bière ....
- **6.** salade ....
- **7.** soldes (*sale*) ....
- **8.** double ....
- **9.** patinoire (*ice rink*) ....
- **10.** base-ball ....
- **11.** voiture de location (*rental car*) ....
- **12.** restaurant ....

6. • ク ku • グ gu

• マ ma • ミ mi • ム mu • メ me • モ mo

a. トマト
b. ミルク
c. ハム
d. カメラ
e. グラム
f. モカ

- **1.** tomate ....
- **2.** jambon (*ham*) ....
- **3.** gramme ....
- **4.** appareil photo (*camera*) ....
- **5.** moka ....
- **6.** lait ....

7. • ナ na • ニ ni • ヌ nu • ネ ne • ノ no

a. バナナ
b. テニス
c. ネクタイ
d. ノート
e. カヌー

- **1.** tennis...................
- **2.** canoë...................
- **3.** banane.............................
- **4.** cravate (*necktie*)..............
- **5.** cahier (*notebook*)..........

8. • ア a • イ i • ウ u • エ e • オ o

a. アイスクリーム
b. アーチスト
c. エスカレーター
d. ステレオ
e. ワイン

- **1.** glace (*ice cream*)...............................
- **2.** escalier mécanique (*escalator*)......
- **3.** vin ....
- **4.** stéréo..............
- **5.** artiste ....

Sons contractés

Seuls trois symboles n'ont pas été utilisés dans la dernière activité : ヤ, ユ et ヨ (ya, yu et yo). Ces trois sons sont utilisés non seulement comme des sons propres mais aussi dans des sons contractés. Nous avons déjà vu cela pour les ひらがな. Les règles sont les mêmes pour les カタカナ. Avant de passer à l'activité suivante, relisez le passage p. 75 afin de raviver vos connaissances et de vous familiariser avec ces règles.

練習五 Activité 5

En suivant le modèle ci-dessous, indiquez la prononciation des sons contractés suivants.

→ キ	ki	キャ	**kya**	キュ	**kyu**	キョ	**kyo**
ギ	gi	ギャ		ギュ		ギョ	
シ	shi	シャ		シュ		ショ	
チ	chi	チャ		チュ		チョ	
ニ	ni	ニャ		ニュ		ニョ	
ヒ	hi	ヒャ		ヒュ		ヒョ	
ビ	bi	ビャ		ビュ		ビョ	
ピ	pi	ピャ		ピュ		ピョ	
ミ	mi	ミャ		ミュ		ミョ	
リ	ri	リャ		リュ		リョ	

Vérifiez vos réponses à l'aide des tableaux équivalents de ひらがな du chapitre 5 (p. 75 et 77).

練習六 Activité 6

Mettez à présent en pratique ce que vous venez d'étudier.

Associez les カタカナ à leur signification.

a. キャンプ
b. シャワー
c. ジャム
d. ジュース
e. ジョギング
f. チョコレート
g. メニュー
h. コンピューター
i. ミュージカル
j. コミュニケーション

1. ordinateur (*computer*) ....
2. communication ....
3. camping ....
4. confiture (*jam*) ....
5. comédie musicale (*musical*) ....
6. menu ....
7. douche (*shower*) ....
8. jogging ....
9. chocolat ....
10. jus de fruit (*juice*) ....

Le petit ツ (tsu)

Nous avons abordé ce point concernant les ひらがな au chapitre 5 (p. 77). Lorsque vous rencontrez un petit ッ dans un mot, ne le prononcez pas mais faites une petite pause – « coup de glotte » – avant de prononcer le son suivant.

Dans les mots en カタカナ, cela a pour effet de retenir le son suivant, soit pour mieux respecter la prononciation originale, soit pour en rendre la prononciation plus aisée pour les Japonais.

L'exemple suivant en offre une illustration :

ホットドッグ (hot-dog) est prononcé **hot(to) dog(gu)**.

La prononciation de **to** et de **gu** est « retenue » et écrite ici entre parenthèses.

練習七 Activité 7

Associez les カタカナ à leur signification.

a. カップ	**1.** papier toilette (*toilet paper*)................................
b. サンドイッチ	**2.** consignes (*coin locker*)................................
c. ミックス	**3.** veste (*jacket*)................................
d. サッカー	**4.** coupe................................
e. ネックレス	**5.** collier (*necklace*)................................
f. マッチ	**6.** football (*soccer*)................................
g. コインロッカー	**7.** sandwich................................
h. バスケットボール	**8.** mixte................................
i. トイレットペーパー	**9.** allumette................................
j. ジャケット	**10.** basket-ball................................

Sons katakana supplémentaires

Vous avez vu dans l'introduction que les カタカナ sont utilisés dans des contextes variés. Nous mettons l'accent dans ce chapitre sur les deux principales utilisations :

1. Transcrire des mots étrangers utilisés en japonais (emprunts),
2. Transcrire des mots étrangers (pays, villes, noms de famille et noms de marques).

Cependant, tous les sons d'une langue étrangère n'ont pas leur équivalent en japonais, et comme vous avez déjà pu le remarquer, la prononciation change quand le mot est adapté en japonais. Nous avons déjà mentionné certains changements.

Voici les derniers points à retenir :

1. Le son **si** n'existe pas, il est remplacé par シ (shi) ou ジ (ji).

• シネマ	shi ne ma	cinéma
• ビジネス	bi ji ne su	business

2. Certains sons **f** sont remplacés par des sons **h**.

• テレホンカード	te re hon kā do	carte de téléphone (*telephone card*)
• コーヒー	kō hī	café

3. Le son **v**. Ce son n'existe pas en japonais, le son équivalent le plus proche est le son **b**.

a. • ビタミン	bi ta min	vitamine
• ボーグ	bō gu	vogue
• エレベーター	e re bē tā	ascenseur (*elevator*)
• ラブホテル	ra bu ho te ru	Love hotel

Qu'est-ce qu'un « Love hotel » ?

Ce type d'hôtel aux décorations souvent extravagantes est majoritairement réservé aux couples qui désirent y passer une heure ou deux pour un « 5 à 7 ». Les entrées et les sorties de ces hôtels sont souvent très discrètes.

b. Il existe aussi un ensemble de sons qui ont été créés afin de transcrire le son **v**.

• ヴァ va • ヴィ vi • ヴ vu • ヴェ ve • ヴォ vo

La règle veut que ces derniers signes soient utilisés pour les noms de famille et les noms de pays étrangers, mais il y a souvent des exceptions ! Certains noms de famille et noms de pays étrangers sont écrits avec le son **b** alors que d'autres emprunts sont parfois écrits avec le son **v**.

ヴァネサ	va ne sa	Vanessa	ou	バネサ	ba ne sa
ヴィジョン	vi sion	vision	ou	ビジョン	bi sion

4. Le son **w** Deux formes possibles :

a. • ウイ ui • ウエ ue • ウオ uo
b. • ウィ wi • ウェ we • ウォ wo (Le second symbole est plus petit.)

Traditionnellement, les signes de la première forme (**a.**) sont utilisés pour les emprunts et ceux de la seconde (**b.**) pour les noms de pays et les noms de famille étrangers. Cependant, tout comme dans le point **3.**, ce n'est pas une règle absolue. Il est en effet devenu très à la mode d'utiliser les petits symboles et cette tendance est particulièrement forte chez les adolescents.

a. ウイスキー	u i su kī	whisky
ウエーター	u et ā	serveur (*waiter*)
b. ノルウェー	no ru wē	Norvège (*Norway*)
ウォークマン	wō ku ma n	walkman®, baladeur

5. Combinaisons de sons utilisant les petits カタカナ suivants :

• ア a •イ i • ウ u • エ e • オ o

Dans les points **3.** et **4.**, ceux-ci ont été utilisés pour former les sons **v** et **w**. Ils sont aussi utilisés pour d'autres sons qui n'existent pas en japonais mais sont nécessaires à la prononciation des mots étrangers.
Vous les mémoriserez facilement si vous avez à l'esprit que le son voyelle du premier signe est remplacé par celui du « petit signe ». Par exemple :

• ファ fa, le son **u** de フ fu est remplacé par ア a.

Maintenant, à vous de reconnaître les sons suivants :

• フィ.................... • フォ.................... • フェ.................... • シェ ....
• ジェ.................... • チェ .... • ツァ .... • ツェ ....
• ティ .... • ディ....................

Il existe quelques autres sons tels que ceux-ci :

• クァ kwa • グァ gwa • クォ kwo

Ils sont cependant peu utilisés.

Voici les sons qu'il fallait trouver dans l'activité précédente :

• フィ	**fi**	• フォ	**fo**	• フェ	**fe**	• シェ	**she**
• ジェ	**je**	• チェ	**che**	• ツァ	**tsa**	• ツェ	**tse**
• ティ	**ti**	• ディ	**di***				

* Parfois, ce son est représenté par ジ (ji) : ラジオ ra ji o (radio).

Les sons ci-dessous n'existent pas en français. Étant donné que ce sont des sons anglais, ils interviennent dans les カタカナ.
Nous allons donc les traiter brièvement.

6. Le son **th**. Ce son n'existe pas en japonais, il est remplacé par le sons **s**.

• サンキュー	san kyū	merci (*thank you*)
• マラソン	ma ra son	marathon

7. Le son **er**. Il est remplacé par un **a** long. (Utilisation du signe ー).

• ハンバーガー	han bā gā	hamburger
• スクーター	su ku tā	scooter

練習八 Activité 8

Vous allez maintenant pouvoir vous entraîner à lire des mots contenant les sons supplémentaires que vous venez d'apprendre (règles 1 à 7, pp. 145-146).
Associez les mots à leur signification.

a. スパゲッティ	1. écouteur (*earphone*) ....
b. チェックイン	2. enregistrement (*check-in*) ....
c. ミルクシェイク	3. fax..................
d. ミルクティー	4. spaghettis..................
e. ウェートレス	5. disco..................
f. フォアグラ	6. Suède (*Sweden*) ....
g. イヤホーン	7. fourchette (*fork*) ....
h. ファックス	8. serveuse (*waitress*)..................
i. フォーク	9. milk-shake ....
j. シルバーシート	10. thé au lait (*milk tea*)..................
k. スウェーデン	11. foie gras..................
l. ディスコ	12. sièges pour personnes âgées (*silver seat*) ....

i Qu'est-ce qu'un « silver seat » ?

Au Japon, on nomme élégamment « silver seats » les sièges laissés en priorité aux personnes âgées dans les bus ou les trains. Vous pouvez remarquer la jolie métonymie désignant la couleur des cheveux des personnes du troisième âge.

Décoder les mots contractés

Voici le dernier paragraphe d'explications du chapitre. Vous allez bientôt pouvoir mettre en pratique vos connaissances ! Les emprunts, dans toute langue, changent de prononciation, soit pour correspondre à la langue, soit parce qu'ils sont transcrits de la façon dont ils sont entendus. Ainsi, les premiers voyageurs européens entendirent « Japon » au lieu de **Nihon** ou **Nippon**.
Nous avons déjà vu la façon dont les emprunts sont adaptés afin de correspondre aux règles de la prononciation japonaise. Une dernière adaptation consiste à réduire les mots ou à les contracter.

Vous avez déjà vu des exemples de mots réduits :

- ノート nōto *notebook* cahier (*book* ne fait plus partie du mot.)

Voici d'autres exemples de mot réduits :

- テレビ terebi télévision (**sion** a disparu, **vi** est prononcé **bi**.)

- サンド sando — sandwich (de サンドイッチ sandoicchi signifiant « sandwich »)
  ハムサンド hamu sando — sandwich au jambon (*ham sandwich*)

Ou encore :

- デジカメ dejikame signifie *digi(tal) came(ra)* ou « appareil photo numérique » (les parties supprimées sont entre parenthèses). ディジカメ existe aussi.
- マスコミ masukomi signifie *mass comm(unication)* ou *mass media*, les média.

Ce type de mots peut semer la confusion quand vous cherchez à en trouver le sens, mais n'oubliez pas que c'est « en forgeant qu'on devient forgeron » ! Essayez donc l'activité d'association qui suit.

練習九 Activité 9

Associez les カタカナ de la colonne de gauche non seulement à leur équivalent en rōmaji mais aussi à leur signification puis indiquez dans les pointillés les lettres appropriées.

1. オートバイ	...e...	...h...	a. toire	*a.* supermarché (*supermarket*)
2. トイレ	....	....	b. waishatsu	*b.* traitement de texte (*word processor*)
3. ワンピース	....	....	c. wanpīsu	*c.* PC (*personal computer*)
4. ワープロ	....	....	d. hōmu	*d.* grand magasin (*department store*)
5. パソコン	....	....	e. ōtobai	*e.* robe (*one piece*)
6. コンビニ	....	....	f. sūpā	*f.* chemise blanche (*white shirt*)
7. ホーム	....	....	g. wāpuro	*g.* quai (*platform*)
8. デパート	....	....	h. konbini	*h.* mobylette® (*motorbike*)
9. スーパー	....	....	i. pasokon	*i.* toilettes
10. ワイシャツ	....	....	j. depāto	*j.* supérette (*convenience store*)

読む練習六 Exercice de lecture (6)

Bravo ! Vous êtes venu(e) à bout de tous les カタカナ et vous pouvez maintenant mettre vos connaissances en pratique. Voici une série d'activités dans lesquelles sont utilisés des カタカナ que vous serez susceptible de rencontrer si vous allez au Japon ou si vous regardez des émissions sur le Japon.

練習十 Activité 10

Nous commencerons par la carte d'un café. Dans ce type de lieu sont vendus des boissons et des en-cas de style européen ; les menus sont donc écrits en カタカナ. Si vous arrivez à lire le menu, vous pouvez passer votre commande !

*** ルーナ　コーヒーショップ ***

ホットコーヒー	500 円
アイスコーヒー	600 円
ミルクティー	400 円
レモンティー	500 円
コーカコーラ	600 円
オレンジジュース	400 円
ミルク	350 円

* * * * * * * * * * * * * * * * *

サンドイッチ／サンド

チーズ	600 円
ハム	700 円
ミックス	700 円

スパゲッティ

ナポリタン	700 円
ミートソース	800 円

ピザトースト	600 円
サラダ	500 円
パフェ	700 円
アップルパイ	700 円
ケーキ	500 ～ 800 円

1. Quel est le nom de ce café ?
2. Quelles sont les deux sortes de café que vous pouvez acheter ?
3. Quelles sont les deux sortes de thé que vous pouvez acheter ?
4. Combien coûte un coca (en yens) ?
5. Quel est le prix d'un jus d'orange?
6. Quels types de sandwiches pouvez-vous acheter ?
7. Combien devrez-vous payer pour des spaghettis bolognaise ?
8. Combien coûtent un verre de lait, une pizza toastée et un apple pie ?
9. Vous avez un maximum de 1000 yens à dépenser. Que choisissez-vous ?
10. Quels desserts coûtent 700 yens ?

練習十一 Activité 11

Vous avez vu dans l'introduction qu'actuellement les カタカナ sont très utilisés dans la publicité. En effet, ils font ressortir les mots (il en va de même pour les lettres capitales ou en italique). Pour déchiffrer certains mots typiquement japonais écrits en カタカナ, il faut connaître un minimum de vocabulaire. Dans cette activité, cependant, vous devriez reconnaître tous les noms puisque ce sont des noms d'entreprises japonaises très connues.

Nous avons utilisé différents styles d'écriture afin que ceux-ci vous deviennent familiers. Ces styles sont, par exemple, utilisés pour les enseignes en néon.

Une liste des entreprises vous est donnée en rōmaji – attention, ces entreprises n'apparaissent pas toutes dans l'activité ! À vous de trouver de quelles entreprises il s'agit.

• Sony® • Toyota® • Sanyo® • National® • Mitsubishi® • Honda® • Casio®
• Seiko® • Yamaha® • Nikon® • Suzuki® • Kawasaki® • Mitsui® • Subaru®

1. トヨタ
2. ソニー
3. カシオ
4. ナショナル
5. サンヨー
6. ミツビシ

練習十二 Activité 12

On trouve, partout au Japon, des magasins d'électroménager qui vendent les dernières nouveautés en haute technologie. La plupart de ces produits ont des noms étrangers et sont donc écrits en カタカナ.

Regardez le plan du magasin et répondez aux questions suivantes.

Floor 6	ファン、ヒーター、エアコン、トイレ
Floor 5	テレビ、ビデオ、レーザーディスク
Floor 4	ファックス、ワープロ、トイレ
Floor 3	コンピュータ、プリンター、ソフト
Floor 2	カメラ、レンズ、フィルム、トイレ
Floor 1	CDプレーヤ、ステレオ、ウォークマン
Basement	ラジカセ、テープレコーダー、ラジオ

1. À quel(s) étage(s) pouvez-vous trouver des toilettes ?
2. Quel étage est spécialisé en informatique ?
3. À part les ordinateurs, que peut-on trouver à cet étage-là ?
4. À quel étage peut-on acheter des climatiseurs ?
5. Que trouve t-on au quatrième étage ?
6. Où pouvez-vous acheter un appareil photo ?
7. Où pouvez-vous acheter une chaîne stéréo ?
8. Combien d'étages vendent du matériel audio ?
9. À part les traitements de texte, que peut-on acheter au troisième étage ?
10. À quel étage allez-vous acheter un magnétophone ?

Les étages au Japon

Attention, tout comme en Grande-Bretagne ou aux États-Unis, le 1er étage au Japon (1F) correspond au rez-de-chaussée français.

練習十三 Activité 13

Faites correspondre les monnaies (colonne de gauche) avec les pays adéquats (colonne de droite). Un peu d'imagination est nécessaire pour certaines associations !

1. ポンド	a. フィリピン
2. ペソ	b. アメリカ
3. ユーロ	c. イギリス
4. ドル	d. タイ
5. バーツ	e. インド
6. ルピー	f. イタリア

練習十四 Activité 14

Voici divers taux de change provenant d'un journal japonais. Pouvez-vous trouver les noms de pays et de monnaies dans la liste ? Aidez-vous pour cela de l'activité 13.

- Le pays est immédiatement suivi de la monnaie, sans espace.
- Vous verrez que trois 漢字 figurent dans la liste. Il s'agit de : 米 (voir chapitre 6, p. 82), 英 (c'est le 漢字 pour l'Angleterre) et 南 (voir chapitre 8, p. 125).
- Un grand nombre de pays peuvent, en effet, soit être écrits avec des 漢字, soit être transcrits phonétiquement avec des カタカナ.

	Taux de change	Noms de pays	Monnaie utilisée
1. 米ドル	134,65 円	**Amérique**	**dollar**
2. ユーロ	117,36		
3. 英 ポンド	192,77		
4. スイスフラン	79,65		
5. カナダドル	84,79		
6. メキシコペソ	15,76		
7. オートラリアドル	69,99		
8. ニュージランドドル	57,69		
9. 南 アフリカランド	13,19		
10. サウジアラビアリアル	36,49		
11. インドルピー	2,94		
12. タイバーツ	3,13		
13. シンガポールドル	73,82		
14. マレーシアリンギ	–		
15. インドネシア100ルピア	1,43		
16. フィリピンペソ	2,78		

練習十五 Activité 15

Voici enfin des photographies d'enseignes prises à Tokyo. À vous de les lire et d'en trouver la signification ! がんばって ganbatte Bon courage !

1.

Quel est ce célèbre fast-food ?

2.

Quelle activité pouvez-vous pratiquer ici ?

3.

Que se passe-t-il dans ce magasin ?

4.

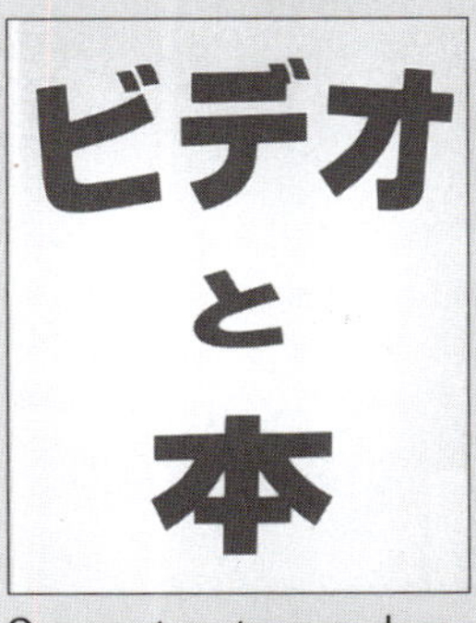

Que peut-on trouver dans ce magasin ?

5.

Les deux 漢字 signifient « environnement ». Qu'en est-il pour les カタカナ ?

6. カレーハウス CoCo

Qu'est-ce que CoCo ?

7. バレンタインDAY

Un jour très prisé par les amoureux.

8. ビール

Une boisson...

9. デザート

En fin de repas...

10. Eメール

Un nouveau mode de communication

11. ピアノ
新品台数限定品、

Un instrument de musique

12. トヨタ

Une marque

13. シングルモルト

Quelle sorte de whisky est-ce ?

14. ワイン

Une boisson appréciée par de nombreux Français.

15. クリスマスツリー

Un arbre très décoré... ?

16.

D.R.

Quel est le titre de ce film ? Quel est le nom des acteurs ?

書く練習七 Exercice d'écriture (7)

Prononcez votre prénom à haute voix et associez à chaque syllabe le カタカナ approprié. Vous devez vous référer aux règles données dans ce chapitre. Par exemple, le prénom « Laura » est composé des sons **lō** et **ra**. Les sons les plus proches sont : ローラ (rōra). Et « Christophe » sera prononcé **ku ri s to fu,** クリストフ (kurisutofu).

Chapitre 9

1. Dix prénoms féminins

Prénom	Prénom en katakana	Prononciation
Marie	マリ	mari
Nathalie	ナタリー	natarī
Catherine	カトリーヌ	katorīnu
Aurélie	オレリー	orerī
Céline	セリーヌ	serīnu
Valérie	バレリー	barerī
Claire	クレール	kurēru
Cécile	セシール	seshīru
Chantal	シャンタル	shantaru
Anne	アンヌ	annu

2. Dix prénoms masculins

Prénom	Prénom en katakana	Prononciation
Jean	ジャン	jan
Michel	ミッシェル	missheru
Pierre	ピエール	piēru
Philippe	フィリップ	firippu
Alain	アラン	aran
André	アンドレ	andore
Laurent	ローラン	rōran
François	フランソワ	furansowa
Stéphane	ステファン	sutefan
Guillaume	ギヨーム	giyōmu

まとめ Synthèse

- Vous avez étudié dans ce chapitre la totalité du syllabaire des カタカナ, grâce notamment à des associations entre sons et images.
- Vous avez vu les diverses règles et transformations des mots qui ne sont pas japonais.
- Vous avez pu lire un grand nombre de mots et déchiffrer des enseignes typiques.

Nous espérons que transcrire des mots non-japonais (souvent anglais) a été amusant et plutôt facile. Ce chapitre est très riche, n'hésitez donc pas à le consulter à nouveau s'il vous en vient l'envie. Saisissez toutes les occasions de lire des カタカナ (programmes télé, journaux, magazines, visites au Japon) ainsi pourrez-vous impressionner famille et amis !

第十課 – Chapitre 10

Traduire pas à pas

Dans ce chapitre

- Vous apprendrez quelques techniques de traduction à l'aide de différents types de textes dont :
  - des bandes dessinées,
  - des prévisions météorologiques,
  - des paroles de chansons,
  - des haïkus ou courts poèmes.
- Vous aborderez quelques notions grammaticales, notamment la question des « particules ».
- Vous découvrirez les bases pour lire et écrire des lettres.

はじめに Introduction

Vous allez mobiliser ici toutes vos connaissances afin de lire des textes en japonais. Il existe différents types de textes avec divers styles et plusieurs niveaux de difficulté. Nous allons vous aider à les lire et nous vous donnerons les bases pour déchiffrer de courts textes.

Il est au préalable nécessaire d'aborder quelques éléments grammaticaux, notamment la notion de particules. Vous pourrez par la suite vous y reporter si vous en éprouvez le besoin.

Lorsque des 漢字 apparaissent dans un texte, ils sont précédés d'une activité de révision afin que vous puissiez vérifier si vous les avez bien mémorisés. Cependant, ne vous inquiétez pas si vous n'avez pas mémorisé tous les 漢字. Le but de l'activité est de vous faire réfléchir à ce que vous avez déjà vu et vous aider à vous servir de vos connaissances.

Vérifiez vos réponses dans les Corrigés, p.184 avant de continuer et, si vous voulez vous reporter aux pages où les 漢字 ont été abordés pour la première fois, vous pouvez chercher leur signification dans le lexique bilingue, p.195.

Vous devrez repérer et souligner diverses parties des textes proposés afin de reconnaître et de séparer différents mots et fonctions. Cela vous sera particulièrement utile car, en japonais, comme vous le remarquerez dans les textes suivants, les mots ne sont pas séparés par des espaces. Au lieu de souligner, vous pouvez aussi entourer, encadrer ou surligner les différents termes. Vous pouvez aussi vous fixer votre propre code couleur. En outre, vous pouvez écrire directement sur le texte, mais aussi le recopier ou le photocopier et utiliser le codage souhaité.

Notions grammaticales de base

Lisez les explications suivantes et ne vous inquiétez pas si certaines vous semblent d'emblée peu claires. En effet, les textes vous fourniront des exemples pratiques que nous ferons suivre de courts résumés pour vous permettre de consolider vos bases.

Particules et ordre de la phrase

Dans une phrase en japonais, les noms sont généralement suivis d'une « particule ». Une « particule » est un marqueur grammatical qui indique la fonction du nom auquel il se rapporte. Regardons quelques exemples en détail.

1. En français, l'ordre des mots dans la phrase vous indique la fonction des principales parties de la phrase.

Exemple : « J'ai mangé de la nourriture japonaise. »

- « Je » est le sujet de la phrase (qui a mangé) et se trouve en début de phrase.
- « ai mangé » est le verbe.
- « de la nourriture japonaise » est le complément d'objet direct (mangé quoi) et il est placé après le verbe.

Cet ordre est nommé SVO : Sujet, Verbe, Objet.

En français, nous utilisons aussi des prépositions telles que « avec », « par » ou « à ».

2. Voici la même phrase transposée en japonais :

私は　和食を　食べました。« Je / (de la) nourriture japonaise / ai mangé. »

- 私, « Je », est suivi de la particule は. Cette particule marque le sujet de la phrase.
- 和食, « nourriture japonaise », est suivi de la particule を. Cette particule marque le complément d'objet direct de la phrase.

En japonais, l'ordre des mots dans une phrase est SOV : Sujet, Objet, Verbe.

Il existe d'autres particules, avec d'autres fonctions, telles que で.
私は　はしで　和食を 食べました。« Je / **avec** (des) baguettes / nourriture japonaise / ai mangé. »

Dans les phrases japonaises, l'ordre des mots est plus flexible qu'en français. Ce sont, en effet, les particules et non pas l'ordre des mots qui vous indiquent les fonctions grammaticales. Vous pourriez ainsi dire :
私は　和食を　はしで　食べました。« Je / (de la) nourriture japonaise / avec (des) baguettes / ai mangé. »

Toutefois, le verbe est **toujours** placé en fin de phrase.

3. Les particules sont toujours placées **après** le nom qu'elles marquent. Regardez l'illustration concernant les principales particules ci-dessous :

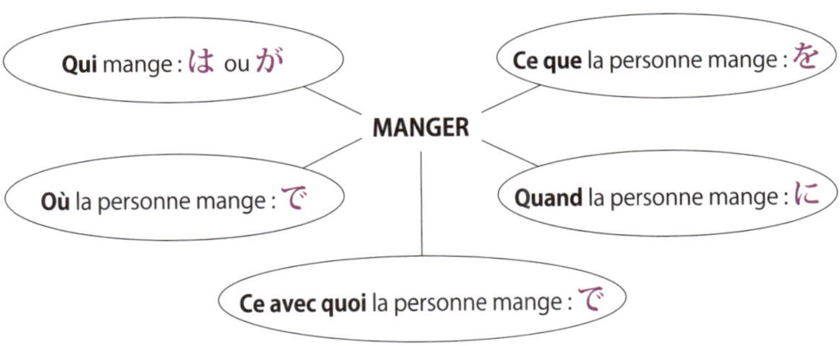

4. Description des particules

Particule	Prononciation	Fonction et traduction	Exemple
は	**wa** et non pas **ha**	**Thème, sujet** de la phrase	私は和食を食べました。
が	**ga**	**Sujet** du **verbe**	
を	**o** et non pas **wo**	**Complément d'objet direct** de la phrase	私は和食を食べました。
で	**de**	1. « avec », « par » ou « en » 2. « à », « dans » – **lieu** où une **action se passe**.	はしで : **avec** des baguettes 電車で : **en** train レストランで : **au** restaurant, **dans** le restaurant
に	**ni**	1. « à ». **Direction** On peut aussi utiliser la particule へ, prononcée **e**. 2. « à », « le » – pour les **dates**. 3. « à », « dans ». **Position, place**	東京に : **à** Tokyo 一時に : **à** une heure 月曜日に : **le** lundi ou lundi 東京に住んでいます。J'habite **à** Tokyo.
の	**no**	Utilisée dans un **complément de nom**, avec inversion des termes par rapport au français: « de»	日本の米 : le riz **du** Japon ou le riz japonais 山の上 : le haut **de** la montagne ou sur le haut **de** la montagne
と	**to**	1. « et », pour **coordonner** des noms 2. « avec », dans le sens **« accompagné(e) de »**	日本と米国 : le Japon **et** l'Amérique 日本人と : **avec** un(e) Japonaise(e)

Pour vous aider à traduire

Nous allons vous donner ici un certain nombre de conseils et nous vous en présentons ci-dessous un résumé afin que vous puissiez vous y reporter facilement, si nécessaire.

1. Pour trouver le **sujet** ou le **thème** d'une phrase, cherchez は :
   私は　本を　読みます。　« Je / livre / lis ». Le sujet est : « Je », 私.
2. Traduisez ensuite **« à l'envers »**, en commençant par la fin de la phrase.
   (私は) 本を　読みます。
   ←
   livre　lis

3. Les **adjectifs précèdent** les noms qu'ils qualifient :
私は　古い本を　読みました。 « Je / vieux / livre / lis ».

4. Pour certains des textes ci-après, la signification en français vous est donnée de façon littérale, notée lit . – ceci afin de vous faire comprendre les phrases et leur structure.

5. La **signification** de la **clé** du 漢字 vous est donnée, quand elle peut vous être utile. Sauf indication contraire, la clé se situe dans la partie gauche du 漢字.

練習一 Activité 1

漫画 – Lire un manga

Les 漫画, manga ou « bandes dessinées », et les アニメ, anime ou « dessins animés », sont très appréciés dans le monde entier. Au Japon, les bandes dessinées remplissent les étagères des librairies et des kiosques, et des Japonais de tous âges en lisent dans les trains, les librairies et chez eux. L'extrait de bande dessinée ci-dessus provient de *Kyoto News*, un journal japonais. Il est issu de la rubrique « Éducation » et se moque des 教育ママ, kyōiku mama, ou « mères éducation » qui se tuent à la tâche pour que leurs enfants étudient avec acharnement et intègrent les meilleures écoles.

Commencez tout d'abord par des activités de révision.

I. 漢字復習 Révision de kanji

Il y a trois 漢字 dans la bande dessinée et vous les avez tous déjà appris ! Les avez-vous retenus ? Indiquez leur signification :

a. 本 .... **b.** 読 .... **c.** 言 ....

II. Trouvez et soulignez les mots suivants en ひらがな.

a. たしかに	tashika ni	certainement, sûrement, bien sûr
b. もっと	motto	plus
c. けど	kedo	mais

III. Trouvez et soulignez les particules et les fonctions grammaticales suivantes.

a. を	o	marqueur du complément d'objet direct
b. ...なさい	nasai	terminaison verbale indiquant un ordre, ici : « Lis ! »
c. ...とは	to wa	est utilisé dans le discours rapporté : « (J'ai dit) que ... »

は ajoute de l'emphase : « Je reconnais que j'ai dit. »

d. 「indique que l'on ouvre les guillemets, 」indique que l'on ferme les guillemets.
『 et 』sont utilisés pour des citations à l'intérieur de citations.

IV. 翻訳 Honyaku	**Traduction**
「たしかに...とは言った	« Bien sûr, j'ai dit (que)...
『もっと本を読みなさい』	" Lis plus de livres ! "
けど	Mais...

Le « Mais » reste en suspens, c'est au lecteur de trouver la suite à l'aide du dessin, par exemple : « Mais là, ça devient ridicule ! ».

Soyez attentif(ve) à la technique de traduction : nous avons d'abord traduit la citation puis la citation à l'intérieur de la citation. Cet ordre respecte l'ordre de la phrase en français. En japonais, le « J'ai dit » est placé en fin de phrase. Le fait de placer « bien sûr » en début de phrase permet de transcrire l'emphase apportée par たしかに.

練習二 Activité 2

Comment préparer du thé vert

おいしい飲み方

人数分の湯呑みにお湯を
8分目ほど入れてさまします。
お湯の温度約80℃

湯呑みを湯ざましの代りに
使用すると便利です。

お茶の葉を急須に入れます。
3人分で6～8g
（大さじ約1.5杯分）

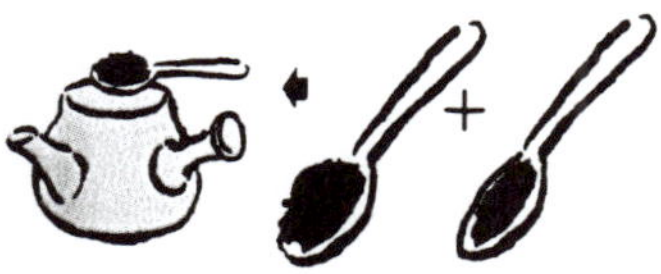

湯呑みのお湯を急須にあけて、茶葉に
お湯が浸透するのを待ちます。
浸出時間約1分
（濃いお茶が好きな人は
長めに）

※2煎目の浸出時間は約10秒
（1煎目より熱いお湯を使用）

お茶を注ぐ分量は均等に、
お茶は最後の
一滴まで絞りきりましょう。

Les quatre instructions figurant sur le paquet de thé suivant ci-dessus vous montrent comment faire un thé vert japonais parfait. Une fois ces instructions déchiffrées, préparez-vous donc un bon thé vert !

I. 漢字の復習 Révision de kanji

Écrivez les significations de ces 漢字, puis soulignez les 漢字 dans le texte et repérez le nombre de leurs occurrences.

a. 飲 .... c. 目 .... e. お茶 .... g. 大 .... i. 時 ....
b. 人 .... d. 入 .... f. 便 .... h. 出 ....

II. Généralités

Voici quelques mots que vous retrouverez dans le texte et qui vous seront bien utiles. Cette liste vous servira de référence.

- ~分* bun signifie : « part », « portion ». 3人分 signifie « trois portions » ou «pour trois personnes ».
- ~目 me permet de transformer les nombres en ordinaux : 1er, 2e, 3e...

Exemple : 4つ目 : le 4e. 1煎目 signifie « première infusion ».

* 分 fun signifie aussi « minute ». 2分 signifie « deux minutes ».

Le vocabulaire et la traduction seront présentés rubrique par rubrique. Le vocabulaire déjà abordé ne sera pas expliqué de nouveau. Vous aurez donc peut-être besoin de vous reporter aux rubriques antérieures.

III. Image n°1

A. Trouvez et soulignez ces 漢字.

飲み方	nomikata	comment boire
人数	ninzū	nombre de personnes
分	bun	part
湯	yu	eau chaude
湯飲み ou 湯呑み	yunomi	tasse de thé
~分目	bunme	parts
温度	ondo	température
約	yaku	approximativement
湯ざまし	yuzamashi	rafraîchisseur d'eau (récipient dans lequel on verse l'eau bouillante afin de la faire refroidir un peu)
代りに	kawari ni	à la place de, au lieu de
使用する	shiyō suru	utiliser
便利	benri	pratique

B. Trouvez et soulignez ces mots en ひらがな.

おいしい	oishii	délicieux
ほど	hodo	environ
入れてさまします	irete samashimasu	verser et laisser refroidir

C. Soulignez ces particules et fonctions grammaticales.

の	no	Marque le complément de nom. N'oubliez pas d'inverser les deux termes. Trois occurrences.
に	ni	« dans ». Deux occurrences.
お	o	Préfixe honorifique. お湯. Deux occurrences.
を	o	Marqueur de complément d'objet direct. Deux occurrences.
と	to	« si ». Une occurrence.

D. 翻訳 Honyaku Traduction

Associez les segments de phrase en japonais à leurs équivalents en français. Un exemple vous est donné.

1. おいしい飲み方 (titre)	**a.** Si vous utilisez des tasses,	....
2. 人数分の湯呑みに	**b.** c'est pratique.	....
3. お湯を8分目ほど入れてさまします	**c.** au lieu d'un rafraîchisseur d'eau,	....
	d. La température de l'eau chaude est d'environ 80°C.	....
4. お湯の温度約80°C	**e.** Une délicieuse méthode pour boire (un bon thé vert).	....1....
5. 湯呑みを...使用すると	**f.** versez environ huit portions d'eau chaude et laissez refroidir.	....
6. 湯ざましの代りに	**g.** Dans le nombre de tasses correspondant au nombre de personnes,	....
7. 便利です		

IV. Image n°2

A. Trouvez et soulignez ces 漢字.

葉	ha	feuilles
急須	kyūsu	théière
3人分	sanninbun	pour trois personnes

大さじ	ōsaji	cuillère à soupe
約	voir p. 164	
杯分	haibun	cuillerée

B. Entourez les particules suivantes : で (x 1) de signifiant ici « pour », の (x 1), を (x 1) et に (x 1).

C. 翻訳 Honyaku — Traduction

お茶の葉を急須に入れます。	Mettez les feuilles de thé dans la théière.
3人分で 6-8 g	Pour trois personnes, il en faut entre 6 et 8 grammes.
(大さじ約1.5杯分)	Cela correspond à peu près à une cuillerée à soupe et demie.

V. Image n°3

A. Trouvez et soulignez ces 漢字.

浸透する	shintō suru	infuser, imprégner
待ちます	machimasu	attendre
浸出	shinshutsu	infusion
時間	jikan	temps
一分	ippun	une minute
濃い	koi	fort
好きな人	sukina hito	les personnes qui aiment
長めに	nagame ni	un plus long, un peu plus longtemps
1煎目	issenme	la première infusion
10秒	jūbyō	dix secondes
熱い	atsui	chaud

B. Soulignez ces particules et ces fonctions grammaticales :

• お honorifique (x 4) • の (x 3) • に (x 3) • を (x 3) • が (x 2) • は (x 2) • より : « que » dans un comparatif (placé après le terme de comparaison).

C. 翻訳 Honyaku — Traduction

Associez les éléments en japonais à leurs équivalents en français. À vous de mettre la ponctuation qui convient en français.

1. 湯呑みのお湯を........................
2. 急須にあけて ....
3. 茶葉にお湯が ....
4. 浸透するのを ....
待ちます
5. 浸出時間約一分 ....
6. 濃いお茶が好きな人は...........
7. 長めに...

a. l'eau chaude sur les feuilles de thé
b. augmentez ce temps
c. versez dans la théière
d. attendez que cela infuse
e. les gens qui aiment le thé fort
f. l'eau chaude des tasses
g. le temps nécessaire à l'infusion est d'environ une minute

N.B. Nous avons traduit, ci-dessous, les deux dernières phrases de l'image. Après l'astérisque : « Le temps d'infusion pour un deuxième service est d'environ 10 secondes.»

Entre parenthèses : « Utilisez de l'eau plus chaude que pour la première infusion. »

VI. Image n°4

A. Trouvez et soulignez ces 漢字.

注ぐ	sosogu	verser dans
分量	bunryō	quantité
均等に	kintō ni	uniformément
最後	saigo	final
一滴	itteki	une goutte
絞り	shibori	presser, extraire

B. Points grammaticaux

まで	made	jusqu'à
きりましょう	kirimashō	terminons

C. 翻訳 Honyaku — Traduction

お茶を注ぐ分量は均等に	Versez uniformément la quantité de thé,
お茶は...絞りきりましょう	extrayons (pressons) le thé
最後の一滴まで	jusqu'à la dernière goutte.

練習三 Activité 3

天気予報 – Les prévisions météorologiques

天気予報　　tenki yohō　　les prévisions météorologiques

La prévision météorologique ci-dessous est extraite d'un journal de Kyoto. Son titre, en haut à gauche, est :

きょうの天気　　kyō no tenki　　Le temps aujourd'hui

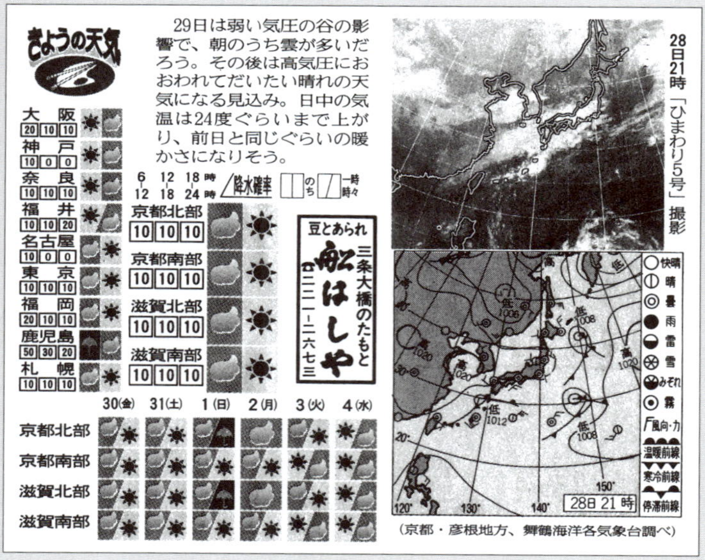

I. 漢字の復習　Révision de kanji

Quelles sont les villes suivantes ? Vous pouvez vous reporter à la carte du Japon, chapitre 8 p. 126.

a. 大阪 ....　b. 東京 ....　c. 札幌 ....　d. 京都 ....

Repérez-les maintenant sur le bulletin météorologique. Regardez le texte à gauche, et soulignez ces villes. 京都 apparaît quatre fois.

II. Deux conseils pour vous aider

Sous le texte commençant par 29 日, vous pouvez apercevoir deux petits rectangles.

• Le premier contient un trait vertical en son milieu. Cela signifie « のち » (nochi), c'est-à-dire « plus tard ». Ainsi,  indique que le temps sera « ensoleillé puis nuageux ».

• Le second rectangle contient un trait en diagonale. Cela signifie « 時々 / 一時 » (tokidoki ichiji), c'est-à-dire : « de temps à autre ». Ainsi,  indique que le temps sera « par alternance ensoleillé et nuageux ».

III. Regardez la colonne de gauche (きょうの天気).

A. Trouvez ces noms de lieux :

• 福井	Fukui	• 福岡	Fukuoka	• 神戸	Kobe
• 奈良	Nara	• 名古屋	Nagoya	• 鹿児島	Kagoshima

À présent, répondez aux questions suivantes à l'aide des informations figurant dans la colonne de gauche du document.

B. Quel va être le temps à ... ?

1. Tokyo **2.** Osaka **3.** Fukui **4.** Kagoshima

C. Donnez le nom de deux autres villes où le temps sera...

1. nuageux puis ensoleillé **2.** ensoleillé puis nuageux

IV. Colonnes du milieu et du bas

A. 漢字の復習 Révision de kanji

Indiquez à côté des 漢字 leur signification.

1. 北.............. **3.** 金................. **5.** 月................. **7.** 水.................

2. 南.............. **4.** 土................. **6.** 火.................

Les 漢字 **3.** et **4.** sont aussi utilisés pour les jours de la semaine. De quels jours s'agit-il ? Vous pouvez vous reporter au chapitre 1, p. 13. Vérifiez vos réponses dans les Corrigés, p.191, puis repérez ces jours au sein du texte.

B. Vous avez certainement remarqué quatre occurrences de 京都 (« Kyoto »). L'autre nom de lieu également mentionné quatre fois est 滋賀 (« Shiga »). Vous avez aussi probablement repéré les 漢字 suivants : 北部 (« Hokubu ») et 南部 (« Nanbu »). 部 signifie « partie », par conséquent 北部 et 南部 signifient respectivement : « partie ou zone nord » et « partie ou zone sud » de la région de Kyoto ou de Shiga.

La colonne du milieu donne le temps pour aujourd'hui. La colonne inférieure indique le temps du 30 au 4. Répondez maintenant aux questions suivantes :

C. Quel temps fait-il aujourd'hui...

1. dans le nord de la région de Kyoto ?..........................

2. dans le sud de la région de Shiga ?..........................

3. dans le sud de la région de Kyoto ?..........................

D. Quelles sont les prévisions pour

1. le sud de Kyoto vendredi ?..........................

2. le sud de Kyoto mardi ?..........................

3. le nord de Kyoto dimanche ?..........................

4. le nord de Shiga samedi ?..........................

5. le sud de Shiga mercredi ?..........................

6. le nord de Kyoto lundi ?..........................

E. Quel jour et à quel endroit pourriez-vous avoir besoin d'un parapluie ? (Deux réponses.)

V. Images de droite, haut et bas de page

A. • 日 précédé d'un nombre indique une date.
Exemple : 3日 signifie « le 3 ».

• 時 précédé d'un nombre indique une heure.
Exemple : 3時 signifie « 3 heures ».

Regardez l'image satellite du haut. Quand a-t-elle été prise ? Donnez la date et l'heure.

B. La deuxième image comprend un certain nombre de symboles circulaires accompagnés de 漢字. Vous avez appris la plupart de ces 漢字 dans les chapitres 6 et 7. Les reconnaissez-vous ?

1. 晴 ....   **3.** 雨 ....   **5.** 雪 ....

2. 曇 ....   Cherchez aussi : 雲 ....   **4.** 雷 ....

N'hésitez pas à vous reporter aux chapitres précédents si vous en ressentez le besoin. Vérifiez ensuite vos réponses et soulignez les termes dans le texte. Attention, certains sont très petits.

C. Vous trouverez aussi ces quatre autres symboles circulaires auxquels sont associés des termes météorologiques. Trouvez-les et soulignez-les.

- 快晴 beau temps
- 風向 direction du vent
- みぞれ neige fondue
- 霧 brume, brouillard
- 風力 force du vent

VI. Le texte

Vous trouverez un court texte au dessus des colonnes mentionnant les villes et le temps qu'il y fera. Suivez les étapes 1 à 4 qui vous sont proposées ci-dessous puis proposez votre propre traduction avant de passer à l'étape 5 : vérification de votre traduction.

A. Trouvez et soulignez les termes suivants. Que signifient-ils ?

a. 29日	c. 高............................	e. 天気........................
b. 雲......................	d. 晴れ	f. 上............................

B. Trouvez et soulignez les termes suivants.

a. 弱い	yowai	faible
b. 気圧	kiatsu	pression atmosphérique
c. 谷	tani	vallée, dépression
d. 影響	eikyō	influence, effet
e. 朝	asa	matin
f. 多い	ooi	nombreux
g. その後	sono go	puis, après cela
h. 高気圧	kōkiatsu	zone de haute pression, anticyclone
i. 見込み	mikomi	attente
j. 日中	nicchū	toute la journée
k. 気温	kion	température
l. 度	do	degré
m. 上がり	agari du verbe agaru	augmenter
n. 前日	zenjitsu	la veille, le jour précédent
o. 同じ	onaji	identique, le même
p. 暖かさ	atatakasa	chaleur

C. Trouvez et soulignez les termes suivants.

a. うち	uchi	pendant
b. だろう	darō	futur et forte probabilité
c. ...におおわれて	ni oowarete	être couvert de (lit.)
d. だいたい	daitai	généralement
e. になる	ni naru	devenir
f. ぐらい	gurai	à peu près (x 2)
g. まで	made	jusqu'à
h. ...になりそうだ	ni narisō da	on dirait que cela va devenir
i. ...そう	sō	sembler, ressembler à

D. Trouvez et soulignez les particules et fonctions grammaticales suivantes.

は	wa	marqueur de thème (x 3)
で	de	par, au moyen de (x 1)
の	no	marqueur de complément du nom (x 7)
が	ga	marqueur de sujet (x 1)
と	to	que (x1)

E. 翻訳 Honyaku

翻訳 Honyaku	Traduction
29日は	le 29
弱い気圧の谷の影響	(commencez par la fin) En raison d'une dépression, lit. : Par l'effet d'une dépression de basse (faible) pression
朝のうち	le matin
雲が多いだろう	les nuages seront probablement nombreux.
その後...見込み	Ensuite, il est attendu que/il est prévu (que)
高気圧におおわれて	l'anticyclone va se développer
だいたい晴れの天気になる	le temps sera globalement beau.
日中の気温は	La température de la journée
24度ぐらいまで上がり	montera jusqu'à 24°C.
...になりそうだ	Il y a de fortes chances que cela devienne ...
前日と同じぐらいの暖かさ	à peu près la même chaleur que le jour précédent (hier).

Une fois que vous avez saisi le sens général et la structure des phrases, nous vous conseillons d'améliorer cette traduction.

Recevoir toutes ses cartes le 1er janvier !

Les services postaux japonais font en sorte que les cartes de bonne année soient distribuées exclusivement le 1er janvier et emploient, pour ce faire, un nombre considérable d'étudiants ce jour-là.

練習四 Activité 4

手紙 – Lire une lettre

手紙 tegami lettre

Vous allez tout d'abord lire une lettre manuscrite et vous découvrirez ensuite des conseils pour écrire vous-même une lettre.

新年

明けましておめでとうございます

お手紙ありがとうございました。夫とうれしく
読ませていただきました。昨年は日本で
エミリーにお目にかかれてうれしかったです。
その時の写真を送ります。来年の夏は
フランスに行きたいと思っています。
又、お会いできることを楽しみに。
それでは お元気で。

二〇〇七年　元旦

片山麻由子

Cette carte est écrite verticalement. Vous commencez donc votre lecture en haut à droite et vous lirez de haut en bas. C'est la façon traditionnelle d'écrire des lettres ou des cartes.

De nos jours, cependant, de nombreux Japonais écrivent à l'occidentale : horizontalement et de gauche à droite. L'écriture verticale permet de donner un côté plus formel ou plus traditionnel.

Cette carte est une carte de bonne année. Envoyer ses vœux étant une coutume traditionnelle, ces cartes sont généralement écrites à la verticale.

Les Japonais envoient un grand nombre de cartes de bonne année : à leurs amis, leurs connaissances, leurs collègues et leurs clients.

Les cartes de bonne année sont généralement composées d'une rapide formule de vœux de bonne année. Ici, cependant, cette carte a été envoyée par une amie japonaise à son amie en France et c'est à la fois une carte de bonne année et une carte de correspondance.

I. Commencez par repérer et souligner les 漢字 que vous connaissez déjà.

a. 新年	d. 読	g. 目	j. 思	m. 気	p. 片山 ....
b. 明	e. 昨	h. 時	k. 会	n. 年	q. 麻由子 ....
c. 手	f. 日本	i. 行	l. 楽	o. 旦	

Procédez comme auparavant : regardez combien de 漢字 vous avez mémorisés puis vérifiez vos réponses avant de poursuivre l'activité.

II. Trouvez et soulignez ces formules de politesse puis lisez les explications.

a. お目にかかれて o-me ni kakarete lit. : « J'ai pu poser les yeux sur vous. » C'est une façon respectueuse de dire « J'ai pu vous voir, vous rencontrer. »

b. ... 楽しみに tanoshimi ni « J'espère avoir le plaisir de... » Cette phrase se termine par に. En version non-abrégée, ce qui est rarement le cas, la phrase se terminerait par : しています。shiteimasu.

c. お元気で o-genki de « Prends soin de toi. »

III. Soulignez maintenant les mots ou expressions suivantes en 漢字.

a. 明けまして	akemashite	se lever, du verbe 明ける
b. お手紙	o-tegami	lettre
c. 夫	otto	mari
d. 昨年	sakunen	l'année dernière
e. 写真	shashin	photo
f. 送ります。	okurimasu	envoyer
g. 来年	rainen	l'année prochaine
h. 夏	natsu	été
i. 又	mata	à nouveau
j. 元旦	gantan	le premier de l'an
k. 麻由子		Mayuko (prénom féminin)

IV. Soulignez maintenant les mots ou expressions suivantes en ひらがな.

a. おめでとうございます	omedetō gozaimasu	félicitations
b. ありがとうございました	arigatō gozaimasu	merci (pour ce que vous avez fait)
c. うれしく うれしかった	ureshiku ureshikatta	heureusement, joyeusement J'étais content(e) ...
d. いただきました	itadakimashita	reçu – voir le **VI.c.** de cette rubrique.
e. できる	dekiru	pouvoir
f. それでは	sore dewa	et donc, bien, finalement, sur ce – utilisé à la fin d'une lettre

V. Soulignez ces deux mots en カタカナ.

a. エミリー **b.** フランス

VI. Trouvez et soulignez les particules et les fonctions grammaticales suivantes.

a. お	o	Particule placée devant les noms, auxquels elle ajoute une connotation honorifique (deux occurrences) – voir aussi les **II. a.** et **c.** ci-dessus.
b. と	to	« et », « avec » – voir aussi le **k.** ci-dessous.
c. 読ませて	yomasete	« (tu m)'as laissé lire » + いただきました, « J'ai reçu ». Lit. : « J'ai reçu le fait que tu me laisses lire. » C'est une façon polie de dire que quelqu'un a fait quelque chose pour vous. Voici un autre exemple : 休ませていただきました, « (Tu m)'as laissé me reposer. »
d. は	wa	marqueur de thème (x 2)
e. で	de	« dans », « à » – particule utilisée pour marquer le lieu d'une action
f. に	ni	avec, à, (x 2), voir aussi le **II. a.** de cette rubrique.
g. その	sono	ce
h. の	no	voir les explications au début de ce chapitre (x 2)
i. を	o	marqueur d'objet direct
j. 行きたい	ikitai	« Je voudrais aller » たい : voudrais (à toutes les personnes)

k. と思っています... to omotteimasu « Je pense que... » Ici, と : « que »

l. こと koto placé après un verbe signifie « le fait que ». できること : « le fait de pouvoir ».

VII. 翻訳 Honyaku Traduction

Cette fois, c'est à vous !

Vous trouverez ci-dessous une proposition de traduction de la lettre dans laquelle les phrases ne sont pas dans le bon ordre. En regardant simplement certaines phrases en français, remettre de l'ordre pourra vous sembler évident mais nous vous conseillons de lire attentivement le texte et les explications qui lui sont associées (**1.** à **6.**). Ceci vous permettra de bien comprendre la structure de cette carte de vœux.

a. Lit. : « L'été de l'année prochaine, je pense que je voudrais aller en France. » signifie « Je voudrais aller en France l'été prochain, j'espère venir en France l'été prochain. »

b. « Avec mon mari (mon mari et moi), (nous) avons lu ta lettre joyeusement, avec plaisir. »

c. « J'espère pouvoir à nouveau te voir bientôt. »

d. « Merci pour ta lettre. »

e. « Je t'adresse les photos prises à ce moment-là. »

f. « Sur ce, prends soin de toi. »

g. Lit. : « La nouvelle année s'est levée, félicitations », c'est-à-dire : « Bonne année ! »

h. « Premier de l'an, 2007. Mayuko Katayama ». En japonais, le nom de famille précède le prénom.

i. « J'ai été très heureuse, l'année dernière, de pouvoir rencontrer Émilie au Japon.» Les Japonais utilisent souvent, à l'écrit comme à l'oral, le nom ou le prénom au lieu de dire « tu » ou « vous ».

i Tutoyer ou vouvoyer ?

Les pronoms personnels sont très peu utilisés en japonais, à l'écrit comme à l'oral. Le contexte permet de repérer les protagonistes. Il n'existe pas non plus de vouvoiement à proprement parler. En revanche, certaines expressions ou certaines tournures verbales sont utilisées spécifiquement pour marquer le respect. Elles sont employées, par exemple, par un élève lorsqu'il s'adresse à son professeur.

書く練習 Écrire une lettre

I. Observons, tout d'abord, certaines caractéristiques de la lettre que vous venez de lire.

a. Avez-vous remarqué que la date est écrite à la fin de la lettre et qu'elle est suivie par le nom de l'auteur de la lettre ? C'est l'usage courant.

b. Mayuko, l'auteur de la lettre, commence par une salutation, ici « Bonne année ». Vous verrez d'autres salutations correspondant à différentes saisons au cours de la rubrique suivante.

c. Mayuko écrit ensuite : « Merci » pour la lettre qu'elle a reçue. Vous pouvez utiliser cette structure pour remercier quelqu'un de vous avoir adressé :

• プレゼント un cadeau • はがき une carte postale • カード une carte

Il vous suffit d'ajouter : ありがとうございました « Merci », après l'élément reçu.

d. Mayuko termine sa lettre par : それでは、お元気で « Sur ce, prends soin de toi ».

II. Regardons maintenant quelques phrases et techniques utiles que vous pourrez utiliser pour écrire à un(e) ami(e) japonais(e).

A. Commencez par écrire le nom de la personne suivi de さん si vous connaissez bien cette personne ou de さま pour une lettre plus formelle. Par exemple :

麻由子さん Mayuko san

片山さま Katayama sama ou 麻由子さま Mayuko sama

B. Plutôt que de demander, d'abord, comment va le (la) destinataire de la lettre (« J'espère que tu vas bien / vous allez bien »), les Japonais ont tendance à évoquer d'abord le temps puis éventuellement, à s'enquérir de la santé du destinataire.

Voici quelques phrases utiles à différents moments de l'année :

• 良いお年を yoi o-toshi o
« Passez une bonne année. » – formule utilisée généralement avant le premier de l'an
• 明けましておめでとうございます akemashite omedetōgozaimasu
« Bonne année ! » – formule utilisée pour le nouvel an
• メリークリスマス merī kurisumasu
« Joyeux Noël. »
• まだまだ寒さが続いています mada mada samusa ga tsuzuiteimasu
« Le temps froid persiste. »

- ようやく春が来ました yōyaku haru ga kimashita
  « Le printemps est enfin arrivé. »
- きびしい暑さが続いています kibishii atsu sa ga tsuzuiteimasu
  « La chaleur accablante persiste. »
- 静かに秋がやってきています shizuka ni aki ga yatte kite imasu
  « L'automne s'est paisiblement installé. »

C. Pour s'enquérir de la santé de quelqu'un :

- お元気ですか o-genki desu ka
  « Comment vas-tu / allez-vous ? » – version informelle
- お元気でお過ごしでしょうか
  o-genki de o-sugoshi deshō ka – version formelle

D. Pour terminer une lettre :

- Soit : それでは、お元気で Voir le **1.d.** de cette rubrique.
  « Sur ce, prends soin de toi, prenez soin de vous. »
- Soit : では、お体に気をつけて dewa, o-karada ni ki o tsukete
  « Prends bien soin de toi, prenez bien soin de vous. »

お返事お待ちしています o-henji o-machi shiteimasu
« J'attends ta/votre réponse. »

さようなら sayōnara
« Au revoir. »

かしこ kashiko
« Sincèrement » – utilisé par les femmes, formel

Missive express

Si vous écrivez un mot rapide ou une carte postale, vous pouvez omettre la formule de saison et celle de clôture de lettre. Utilisez à la place, en début de lettre : 前略, zenryaku, « Salutations » et, en fin de lettre : 早々, sō sō « Excuse(z)-moi de ma précipitation. »

De même dans les mails, vous pouvez omettre les formules de saison et opter pour des formulations plus liées aux usages du monde du travail telles que :

- お疲れ様です。 o tsukare sama desu
- お世話になっております。 o sewa ni natte orimasu

Ces deux expressions ne peuvent se traduire de façon littérale. Nous allons toutefois vous donner une idée du sens.
Dans la première expression, il s'agit d'apporter du soutien à son interlocuteur « fatigué » et dans la seconde de remercier quelqu'un de sa contribution antérieure tout en espérant qu'elle se poursuivra dans le futur.

i Pas de « mon cher », « ma chère »

Vous n'avez pas besoin d'utiliser l'équivalent de « cher » ou « chère » en début de lettre. Le nom de la personne suivi de さん ou さま suffit amplement.

練習五 Activité 5

さくら – Sakura

さくら Sakura la chanson des fleurs de cerisiers

C'est probablement la chanson japonaise la plus connue. Vous trouverez non seulement les paroles mais aussi la musique, ce qui vous permettra de chanter cette chanson une fois que vous en aurez étudié la signification ! Notez que les paroles sont écrites en ひらがな. Ainsi pourrez-vous facilement associer paroles et musique.

Voici le texte de la chanson, cette fois-ci également en 漢字.

桜、桜	Sakura, Sakura
野山も郷も	noyama mo sato mo
見渡す限り	miwatasu kagiri
霞か雲か	kasumi ka kumo ka
朝日に匂う	asahi ni niou

桜、桜 Sakura, Sakura
花盛り hanazakari

I. Que signifient les 漢字 suivants ?

a. 山.......... c. 雲......... e. 日..........
b. 見.......... d. 朝........ (chapitre 10, p. 171) f. 花...........

II. Trouvez et soulignez ces termes en 漢字.

a. 桜	sakura	fleurs de cerisiers (x 4)
b. 野山	noyama	champs et collines
c. 郷	sato	ville natale
d. 見渡す	miwatasu	contempler la scène
e. 限り	kagiri	sans fin, partout
f. 霞	kasumi	brume (remarquez la clé de la pluie)
g. 朝日	asahi	soleil du matin, soleil matinal
h. 匂う	niou	embaumer
i. 花盛り	hanazakari	en pleine floraison

III. Trouvez et soulignez ces particules et fonctions grammaticales.

a. ...も...も	...mo...mo	à la fois ... et ...
b. ...か...か	...ka...ka	ou ... ou ...
c. に	ni dans	

IV. 翻訳 Honyaku Traduction

Cette fois-ci, vous allez effectuer tout(e) seul(e) la totalité de la traduction.

Les paroles des chansons et les poèmes utilisent souvent très peu de mots pour transmettre une émotion. Il s'agit bien souvent davantage d'une évocation que d'une description.

Conseils pour une bonne traduction

Pour traduire, nous vous conseillons de suivre les étapes suivantes :

1. Traduisez des mots et des segments de phrase. (Ici, nous l'avons fait pour vous.)

2. Assemblez vos phrases en « français littéral ».

3. Réfléchissez à la signification et adoptez une structure française plus fluide.

4. À cette étape, un(e) traducteur(trice) doit décider s'il veut rester très proche du texte original ou s'il veut, au contraire, laisser une plus grande part à l'interprétation et y apposer sa touche personnelle. Cela peut dépendre du texte ou du but de la traduction.

Dans le cas des poèmes et des chansons, il est souvent nécessaire de changer certains termes pour que la chanson garde son rythme ou que le poème conserve sa structure, son rythme ou ses rimes.

Comme vous allez chanter cette chanson en japonais, essayez de la traduire en français de la façon la plus fluide possible. Néanmoins, vous pouvez, bien sûr également essayer de la traduire en respectant le rythme ! Un exemple de traduction figure p. 184, mais toute autre variante est acceptable, tant que le sens est respecté.

練習六 Activité 6 俳句 Haïku

Les haïkus ont été créés au Japon et ils ont désormais acquis une réputation internationale.

Ce style d'écriture poétique utilise un nombre restreint de termes pour transmettre une sensation ou une émotion profondes. Traditionnellement, ces poèmes résultaient de l'observation de la nature et se devaient d'évoquer, avec force, la scène contemplée et les émotions qui en découlaient. Les haïkus modernes explorent de nombreux thèmes et continuent d'être populaires au Japon et ailleurs.

Vous allez maintenant essayer de traduire quelques-unes de ces œuvres !

Nous vous donnons la traduction de certains termes pour vous aider dans votre travail. Vous pourrez vérifier vos traductions grâce à nos propositions figurant dans les Corrigés, p.184.

La plupart des traducteurs essaient de transmettre le sens d'un poème, sans automatiquement garder la forme 5-7-5 en français. Toutefois, quand vous aurez trouvé le sens, vous pourrez essayer de l'exprimer en 17 syllabes.

I. 涼しさや	suzushisa ya	子規 Shiki
青田の中に	aota no naka ni	
一つ松	hitotsu matsu	

A. Vous avez déjà rencontré les 漢字 suivants. Que signifient-ils ?

a. 青 .... b. 田 .... c. 中 .... d. 一 ....

B. Les nouveaux termes en 漢字 sont :

a. 涼しさ	suzushisa	fraîcheur	(clé de l'eau)
b. 松	matsu	pin	(clé de l'arbre)

C. Particules et fonctions grammaticales

a. や ya Par convention poétique, cette particule symbolise l'emphase. Elle est souvent traduite par « le / la » ou « un(e) ». Certains traducteurs utilisent des points de suspension après le terme afin de décrire une scène. Par exemple : 涼しさや la fraîcheur ...

b. の	no	de	**d.** 一つ	hitotsu	un, un seul
c. に	ni	dans			

II. 古池や furuike ya 芭蕉 Bashō
蛙飛び込む kawazu tobikomu
水の音 mizu no oto

A. Vous avez déjà rencontré les 漢字 suivants. Que signifient-ils ?
a. 古 .... **b.** 水 .... **c.** 音 ....

B. Les nouveaux termes en 漢字 sont :

a. 池	ike	étang	(clé de l'eau)
b. 蛙	kawazu	grenouille	(clé de l'insecte)
c. 飛び込む	tobikomu	sauter, s'élancer, plonger, se précipiter	

C. Particules et fonctions grammaticales

a. や	ya	voir le **I. C. a.** p. 181
b. の	no	de

III. 夕風や yūkaze ya 蕪村 Buson
水青鷺の mizu aosagi no
脛を打つ hagi o utsu

A. Vous avez déjà rencontré les 漢字 suivants. Que signifient-ils ?
a. 風 (p. 170, **V.C.**) .... **b.** 水 .... **c.** 青 ....

B. Les nouveaux termes en 漢字 sont :

a. 夕	yū	soir	
b. 鷺	sagi	héron	(clé de l'oiseau – partie inférieure)
c. 脛	hagi	patte, tibia	(clé de la chair)
d. 打つ	utsu	frapper, battre, taper	(clé de la main)

C. Particules et fonctions grammaticales

a. や	ya	voir le **I. C. a.** p. 181
b. の	no	de
c. を	o	marqueur d'objet direct

IV. 秋の夜や aki no yo ya 一茶 Issa
旅の男の tabi no otoko no
針仕事 hari shigoto

A. Vous avez déjà rencontré les 漢字 suivants. Que signifient-ils ?

a. 旅 .... b. 男 .... c. 針 ....

B. Les nouveaux termes en 漢字 sont :

a. 秋	aki	soir	c. 仕事	shigoto	travail
b. 夜	yo	nuit			

C. Particules et fonctions grammaticales

a. や	ya	voir le **I. C. a.** p. 181	b. の	no	de

Qu'est-ce qu'un haïku ?

Traditionnellement, un haïku est un poème de 17 syllabes agencées sur 3 lignes : 5-7-5 : 5 syllabes, 7 syllabes, 5 syllabes.

Bashō, (1644-94), Buson (1716-84), Issa (1762-1826) et Shiki (1867-1902) furent quatre grands maîtres de haïkus.

まとめ Synthèse

おめでとうございます, omedetō gozaimasu, Félicitations ! Vous êtes arrivé(e) à la fin de cet ouvrage *Lire et Écrire le japonais* de la collection « Langues orientales ».

- Vous avez étudié les deux syllabaires : ひらがな et カタカナ et avez appris non seulement à les lire mais aussi à les écrire.
- Vous avez vu comment écrire et également comment décoder les 漢字.
- Vous avez, en outre, découvert la langue japonaise dans de nombreux contextes : au restaurant, en train, en métro, à la banque (diverses monnaies).
- Vous avez enfin fait vos premières armes de « traducteur » à l'aide de documents authentiques : recettes, prévisions météorologiques aussi bien que manga ou poèmes.

Vous êtes, maintenant, probablement prêt(e) à approfondir votre apprentissage et à relever de nouveaux défis ! Saisissez chaque occasion d'utiliser vos connaissances, vous pourrez ainsi les consolider. N'hésitez pas à vous reporter à certains chapitres pour vous rafraîchir la mémoire.

それでは、さようなら！

Corrigés

Chapitre 1 (p. 9-19)

À vous de jouer !

• 1. c. • 3. h. • 5. a. • 7. f. • 9. e. • 11. b.
• 2. g. • 4. i. • 6. l. • 8. j. • 10. k. • 12. d.

Activité 1

• 1. j. • 4. l. • 7. k. • 9. d. • 11. e. • 13. i.
• 2. h. • 5. n. • 8. m. • 10. c. • 12. f. • 14. b.
• 3. g. • 6. a.

Activité 2

• 1. b. • 2. g. • 3. f. • 4. c. • 5. a. • 6. e. • 7. d.

Activité 3

• 1. ma • 4. ven • 7. 2
• 2. mer • 5. 2 • 8. jeudi
• 3. jeu • 6. 1 • 9. samedi et dimanche

Chapitre 2 (p. 20-35)

À vous de jouer !

• 1. l. • 3. g. • 5. d. • 7. c. • 9. h. • 11. j.
• 2. k. • 4. e. • 6. a. • 8. b. • 10. i. • 12. f.

Activité 1

• a. 6. • b. 2. • c. 3. • d. 4. • e. 8.
• f. 9. • g. 10. • h. 1. • i. 7. • j. 5.

Activité 2

1. • a. dimanche • c. lundi
 • b. mercredi • d. samedi
2. • 4 (le 4, le 11, le 18 et le 25)
3. • dimanche

Activité 3

1. • avril, mars
2. • a. avril, juillet
 • b. juin, février, mars
 • c. septembre, décembre
3. • a. dimanche • d. mercredi
 • b. samedi • e. mercredi
 • c. mardi
4. • a. lundi • d. lundi - dimanche
 • b. mercredi • e. lundi
 • c. dimanche

Activité 4

• a. samedi 14 février
• b. jeudi 20 novembre
• c. lundi 5 mai
• d. dimanche 10 septembre
• e. mercredi 25 décembre
• f. vendredi 1er avril

Activité 6

I. • 1. b. • 2. c. • 3. b. • 4. a. • 5. c.

II. • 1. a. • 2. c. • 3. b. • 4. a. • 5. c.

III. • 1. C. b. • 4. B. b. • 7. B. a. • 9. A. c.
 • 2. A. c. • 5. B. a. • 8. C. a. • 10. A. b.
 • 3. C. a. • 6. A. c.

Activité 7

• 1. Hayashi • 8. Ishikawa
• 2. Morita • 9. Kaneda
• 3. Moriyama • 10. Takeda
• 4. Yamakawa • 11. Ishida
• 5. Takeyama • 12. Yamada
• 6. Mori • 13. Kawada ou Kawata
• 7. Kita ou Kida

Test n°1 (p. 36)

1. • a. homme • b. bois • c. force • d. or
2. • a. population • d. porte
 • b. Japon • e. volcan
 • c. fille • f. hommes et femmes
3. • A. b. • C. g. • E. a. • G. d.
 • B. f. • D. e. • F. c.

4. • **a.** Yamada • **b.** Takeyama
• **c.** Morita • **d.** Mori • **e.** Ishida
5. Voir les exercices d'écriture.

Chapitre 3 (p. 37-50)

Introduction

• 1. c. • 2. d. • 3. b.

Activité 1

I. • 1. d. • 2. f. • 3. e. • 4. a. • 5. b. • 6. c.
III. • 1. 6 • 2. 4 • 3. 5 • 4. 6

Activité 2

3. • h. • g. • b. • e. • i. • c. • d. • f. • a. • j.

4. • a. 9 • e. 17 • i. 70 • m. 54 • q. 88
• b. 6 • f. 13 • j. 21 • n. 65 • r. 99
• c. 7 • g. 20 • k. 32 • o. 76
• d. 19 • h. 50 • l. 43 • p. 87

Activité 3

I. • 5. • 6. • 2. • 4. • 3. • 8. • 7. • 1. • 600
II. • 1. 8000 • 2. 5000 • 3. 7000
• 4. 6000 • 5. 2000 • 6.1000
III. • 1. c. • 2. a. • 3. d. • 4. b. • 5. e.
IV. • 1. • 4. • 2. • 7. • 5. • 3. • 6.
• 200 • 2000 • 2200
• 20 000 • 200 000
• 2 000 000 • 20 000 000
V. • 1. b. • 2. e. • 3. g. • 4. f.
• 5. d • 6. a. • 7. c.

Activité 4

I. • 1. b. • 2. e. • 3. a. • 4. d. • 5. c.
II. • 1. d. • 2. c • 3. f • 4. e. • 5. b. • 6. a.
III. • 1. 11 novembre • 4. 21 août
• 2. 18 juin • 5. 31 mars
• 3. 2 octobre • 6. 24 juin

Activité 5

I. • 1. d. • 2. e. • 3. f. • 4. a. • 5. c. • 6. b.
II. • 1. c. • 2. e. • 3. d. • 4. a. • 5. f. • 6. b.

Activité 6

1. • a. (03) 358-1377
• b. (097) 592-4211
• c. (0720) 21-3866
• d. (03) 3593-2704
• e. (0279) 221-3154
2. • a. lundi 5 décembre 2005
• b. mardi 6 décembre 2005
• c. lundi 12 décembre 2005
3. • samedi 21 octobre 1995

Chapitre 4 (p. 51-65)

Introduction

1. • a. bouche • f. porte
• b. oreille • g. arbre
• c. personne • h. soleil ou dimanche
• d. œil
• e. montagne • i. enfant

2. • a. porte et oreille • e. enfant
• b. œil • f. œil
• c. soleil • g. arbre
• d. bouche • h. montagne

Activité 1

• a. 4. • b. 2. • c. 7. • d. 6. • e. 5. • f. 1. • g. 3.

Activité 2

• 1. f. • 2. g. • 3. e. • 4. a. • 5. d. • 6. b. • 7. c.

Activité 4

• 1. b. • 2. e. • 3. f. • 4. g. • 5. a. • 6. d. • 7. c.

Activité 5

• 1. e. • 2. b • 3. g. • 4. f. • 5. d. • 6. a. • 7. c.

Activité 6

• 1. f. • 2. b. • 3. c. • 4. d. • 5. a. • 6. e.

Activité 7

• 1. f. • 2. e. • 3. b. • 4. g. • 5. c. • 6. a. •

Activité 8

• 1. vendeur • 5. savoir
• 2. entrée • 6. acheteur

- 3. sortie
- 4. eau potable
- 7. jour de congé
- 8. Japonais(e)

Activité 9

I.
- 1. d. • 4. h. • 7. m. • 10. d. • 13. l.
- 2. e. • 5. k. • 8. b. • 11. j. • 14. a.
- 3. f. • 6. i. • 9. c. • 12. g.

II.
- 1. baibai
- 2. dokusho
- 3. nyūgaku
- 4. shutsunyū
- 5. inshoku
- 6. kengaku
- 7. kyūgaku
- 8. kenbun

Test n°2 (p. 66)

1. • a. cheval • b. personne • c. femme • d. homme • e. enfant • f. fille • g. garçon • h. Japonais(e)
2. • a. montagne • b. volcan • c. rivière • d. eau • e. feu • f. arbre • g. bois • h. forêt • i. rizière
3. • a. 1 • b. 5 • c. 60 ¥ • d. 100 • e. 4 000 ¥ • f. 20 000 • g. or, argent (monnaie) • h. 3700
4. • a. mercredi 22 septembre • b. 20 août • c. 1991 • d. 19e année de l'ère Heisei : 2007
5. • a. écouter • b. manger • c. boire • d. dire • e. parler • f. lire • g. vendre • h. regarder • i. acheter • j. se reposer
6. • a. oreille • b. bouche • c. pied • d. œil • e. main

Chapitre 5 (p. 67-80)

Introduction

1.écrire les mots grammaticaux et les mots pour lesquels il n'existe pas de 漢字 • 2. les ひらがな • 3. 漢字 simplifiés, avec la même prononciation • 4. 46

À vous de jouer !

En lisant de haut en bas :

• d. • f. • a. • c. • b. • e.

Activité 1

- a. sushi
- b. aki
- c. koe
- d. tsukue
- e. satō
- f. seito

Activité 2

7. • a. 1 • b. 2 • c. 2 8. け 9. す

15. • a. 2 • b. 2 16. 10 17. ほ

Activité 3

1er groupe

• a. asa • b. te • c. natsu • d. tokei • e. shio • f. nani • g. nuno

2e groupe

• a. yoru • b. mimi • c. haru • d. fuyu • e. mura • f. yama • g. mori • h. wan

3e groupe

• a. ohayō • b. sayōnara • c. neko • d. sensei • e. inu • f. me • g. heso • h. hito • i. rei • j. nihon

Activité 4

- a. kyaa kyaa
- b. shun shun
- c. shū shū
- d. chū chū
- e. nyaa nyaa
- f. hyū hyū
- g. hyoro hyoro
- h. kyoro kyoro

Activité 6

- a. kyaku
- b. kyō
- c. gyūnyū
- d. shashin
- e. ja ne
- f. chōshoku
- g. chūshoku
- h. hyaku
- i. byōin
- j. ryokō

Activité 7

- a. mizu • d. denwa • g. gabugabu
- b. kagi • e. tanpopo
- c. jiten • f. dokidoki

Activité 8

- a. chotto • c. yappari • e. ganbatte
- b. matte • d. gakkō • f. massugu

Activité 9

- a. tabemasu, tabemashita
- b. nomimasu, nomimashita
- c. mimasu, mimashita
- d. kakimasu, kakimashita
- e. hanashimasu, hanashimashita

Chapitre 6 (p. 81-93)

Introduction

- a. terre • d. pierre • g. soleil
- b. arbre • e. bouche • h. lune
- c. femme • f. cheval

À vous de jouer !

- 1. b. • 2. h. • 3. e. • 4. j. • 5. c.
- 6. d. • 7. i. • 8. g. • 9. f. • 10. a.

Activité 1

- 1. f. • 2. i. • 3. d. • 4. j. • 5. h.
- 6. c. • 7. a. • 8. e. • 9. b. • 10. g.

Activité 2

- a. 4. • b. 2. • c. 5. • d. 3. • e. 1.

Activité 3

- 1. f. • 2. i. • 3. e. • 4. h. • 5. g.
- 6. b. • 7. c. • 8. d. • 9. a.

Activité 4

- a. 4. • b. 1. • c. 5. • d. 3. • e. 7.
- f. 2. • g. 8. • h. 6.

Activité 5

- a. 2. • b. 8. • c. 5. • d. 7. • e. 4.
- f. 3. • g. 1. • h. 6.

Activité 6

- a. 11. • e. 1. • i. 12. • m. 15. • q. 16.
- b. 5 • f. 7. • j. 6. • n. 17.
- c. 13. • g. 8. • k. 3. • o. 2.
- d. 14. • h. 9. • l. 4. • p. 10.

Activité 8

- a. takai • e. sukunai • i. futoi
- b. yasui • f. sukoshi • j. hiroi
- c. chiisai • g. furui • k. shiroi
- d. ookii • h. atarashii

Test n°3 (p. 94)

a.
- 1. au-dessus, sur
- 2. en dessous, sous
- 3. petit
- 4. grand
- 5. milieu, dans
- 6. chien
- 7. gros
- 8. un peu
- 9. hache
- 10. père
- 11. vache
- 12. être debout
- 13. vieux
- 14. mère
- 15. vaste
- 16. blanc
- 17. riz
- 18. bon marché
- 19. fil
- 20. pointu
- 21. viande
- 22. épicé
- 23. pluie
- 24. bleu
- 25. pays
- 26. son
- 27. haut, cher
- 28. île
- 29. école
- 30. noir
- 31. oiseau
- 32. neige
- 33. nuage
- 34. nouveau
- 35. foudre
- 36. électrique
- 37. colombe, pigeon
- 38. nuageux
- 39. gelée, givre

b.
- 1.dimanche
- 2. samedi
- 3. mercredi
- 4. mardi
- 5. admission dans une école
- 6. école primaire
- 7. collège
- 8. lycée
- 9. interruption d'études
- 10. visite (d'études)

- 11. Japon
- 12. Chine
- 13. Amérique
- 14. Amérique centrale
- 15. pays d'origine
- 16. pays insulaire

- 17. bœuf
- 18. poulet
- 19. aliments
- 20. boisson
- 21. riz blanc
- 22. eau potable

- 23. train
- 24. voiture neuve
- 25. voiture d'occasion
- 26. charrette
- 27. pousse-pousse

- 28. chiot • 29. veau • 30. cygne

- 31. parents
- 32. enfant
- 33. adulte
- 34. garçon
- 35. fille, fillette
- 36. fille

- 37. courses
- 38. visite
- 39. entrée
- 40. sortie
- 41. jour de congé

Chapitre 7 (p. 95-110)

Introduction

1. • a. bois • b. forêt • c. homme • d. aimer • e. clair • f. écouter • g. voir • h. écrire • i. dire, mots • j. vendre • k. lire • l. parler • m. acheter • n. se reposer • o. sortir • p. étudier

2. • a. personne • b. bouche • c. terre • d. femme • e. enfant • f. soleil • g. lune • h. arbre • i. feu • j. rizière • k.œil • l. dire, mots • m. or • n. voiture

Activité 1

• a. 6. • b. 7. • c. 4. • d. 9. • e. 12. • f. 5.
• g. 10. • h. 2. • i. 3. • j. 8. • k. 11. • l. 1.

Activité 4

• a.	1. chapeau	2. au-dessus
• b.	1. végétation	2. au-dessus
• c.	1. couvercle	2. au-dessus
• d.	1. village	2. à droite
• e.	1. cadre	2. autour
• f.	1. bâillement	2. à droite
• g.	1. bambou	2. au-dessus
• h.	1. feu	2. en dessous
• i.	1. trou	2. au-dessus
• j.	1. couvercle	2. au-dessus
• k.	1. vapeur	2. autour, en partie
• l.	1. cœur	2. en dessous
• m.	1. pluie	2. au-dessus

Activité 5

I. • 1. e. • 2. d. • 3. a. • 4. b. • 5. c.
II. • 1. a. • 2. b. • 3. d. • 4. c.
III. • 1. b. • 2. a. • 3. c. • 4. d. • 5. e.

Chapitre 8 (p. 111-131)

À vous de jouer !

Les réponses sont suivies, entre parenthèses, du numéro du chapitre dans lequel le mot est apparu pour la première fois.

• a. 4. (4) • f. 13. (6) • k. 11. (6)
• b. 12. (4) • g. 2. (6) • l. 1. (4/6)
• c. 14. (2) • h. 10. (6) • m. 9. (4/6)
• d. 7. (2) • i. 3. (6) • n. 6. (3)
• e. 5. (6) • j. 15. (7) • o. 8. (4)

Activité 1

• 1. h. • 5. m. • 9. a. • 13. o. • 17. e.
• 2. c. • 6. l. • 10. d. • 14. g.
• 3. j. • 7. b. • 11. n. • 15. a.
• 4. k. • 8. c. • 12 f. • 16. i.

Activité 2

• a. 5. • d. 15. • g. 9. • j. 7. • m. 13.
• b. 6. • e. 14. • h. 1. • k. 11. • n. 12.
• c. 10. • f. 12. • i. 8. • l. 4. • o. 3.

Activité 4

• 1. d. • 2. b. • 3. g. • 4. e.
• 5. f. • 6. h. • 7. c. • 8. a.

Activité 5

• 1. c. • 2. e. • 3. b. • 4. a. • 5. d.

Activité 6

• 1. toilettes
• 2. entrée
• 3. toilettes
• 4. porte du tonnerre
• 5. pousser
• 6. tirer
• 7. sortie Sud
• 8. sortie Nord
• 9. Hiroshima, Osaka
• 10. grillé
• 11. d'une gare
• 12. heures d'ouverture
• 13. téléphone international
• 14. libre
• 15. taxi libre
• 16. pièce de style japonais
• 17. Interdiction d'entrer
• 18. Interdiction de fumer

Test n°4 (p. 132)

Général

• 1. sortie
• 2. entrée
• 3. femmes
• 4. hommes
• 5. adulte
• 6. enfant
• 7. toilettes
• 8. toilettes
• 9. toilettes
• 10. gauche
• 11. droite
• 12. style japonais
• 13. style occidental

Achats et lieux

• 1. magasin
• 2. boucherie
• 3. magasin de fruits et légumes
• 4. librairie
• 5. poissonnerie
• 6. magasin de vins et de spiritueux
• 7. café
• 8. bar
• 9. librairie
• 10. kiosque
• 11. et 12. pharmacie
• 13. marché
• 14. parc
• 15. bibliothèque
• 16. quartier commerçant
• 17. téléphone international
• 18. banque
• 19. poste
• 20. change
• 21. bureau de change
• 22. parking
• 23. pousser
• 24. tirer
• 25. ouvrir
• 26. fermer
• 27. ouvert
• 28. fermé
• 29. usine
• 30. école

Tourisme et distractions

• 1. musée
• 2. temple
• 3. jour de congé
• 4. festival
• 5. cinéma
• 6. musée
• 7. théâtre
• 8. tarif
• 9. droit d'entrée
• 10. entrée libre, gratuit

Voyages et transports

• 1. Nord
• 2. Sud
• 3. Est
• 4. Ouest
• 5. étranger
• 6. arrivée
• 7. départ
• 8. contrôle des passeports
• 9. domestique
• 10. gare
• 11. train
• 12. haut
• 13. bas
• 14. train de grandes lignes
• 15. wagon-lit
• 16. sièges libres
• 17. sièges réservés
• 18. valises, bagages
• 19. objets trouvés
• 20. bureau d'ajustement des titres de transport
• 21. guichet
• 22. agence de voyages
• 23. TGV japonais
• 24. train express
• 25. train super express
• 26. métro
• 27. libre
• 28. occupé
• 29. vélo
• 30. salle d'attente

Logement

• 1. auberge japonaise
• 2. pièce de style occidental
• 3. pièce de style japonais
• 4. salle de bains
• 5. baignoire japonaise
• 6. adresse

Corrigés

Interdictions, avertissements

- **1.** Stationnement interdit
- **2.** Interdiction d'entrer
- **3.** Interdiction de fumer
- **4.** Se déchausser avant d'entrer
- **5.** En travaux
- **6.** Sortie de secours
- **7.** Attention
- **8.** Danger

Aliments et boissons

- **1.** cuisine japonaise
- **2.** cuisine occidentale
- **3.** yakiniku, viande grillée
- **4.** yakitori, brochettes de poulet
- **5.** okonomiyaki, crêpe grillée
- **6.** sukiyaki, bœuf en marmite

Chapitre 9 (p. 133-156)

Introduction

- **1.** Pour les emprunts, les mots étrangers, pour faire ressortir certains mots ainsi que pour la classification des plantes et des animaux.
- **2.** Ils sont issus des 漢字. • **3.** 45.

À vous de jouer !

De haut en bas :

• e. • d. • a. • f. • b. • c.

Activité 1

• jupe : e. • costume : f.
• steak : c. • gâteau : a.
• glace : d. • toast : b.

Activité 2

1er groupe

• **1.** g. • **2.** f. • **3.** b. • **4.** c. • **5.** a. • **6.** e. • **7.** d.

2e groupe

• **1.** c. • **2.** e. • **3.** d. • **4.** b. • **5.** a.

3e groupe

• **1.** f. • **2.** g. • **3.** d. • **4.** a.
• **5.** c. • **6.** b. • **7.** h • **8.** e.

Activité 4

1. • **1.** d. • **2.** c. • **3.** a. • **4.** e. • **5.** b.
2. • **1.** c. • **2.** e. • **3.** a. • **4.** d. • **5.** b.
3. • **1.** f. • **2.** b. • **3.** e. • **4.** d. • **5.** a. • **6.** c. • **7.** g.
4. • **1.** c. • **2.** e. • **3.** a. • **4.** d. • **5.** g. • **6.** b. • **7.** f.
5. • **1.** g. • **2.** b. • **3.** i. • **4.** e. • **5.** j. • **6.** a. • **7.** k • **8.** h. • **9.** f. • **10.** l. • **11.** c. • **12.** d.
6. • **1.** a. • **2.** c. • **3.** e. • **4.** d. • **5.** f. • **6.** b.
7. • **1.** b. • **2.** e. • **3.** a. • **4.** c. • **5.** d.
8. • **1.** a. • **2.** c. • **3.** e. • **4.** d. • **5.** b.

Activité 6

• **1.** h. • **2.** j. • **3.** a. • **4.** c. • **5.** i. • **6.** g.
• **7.** b • **8.** e. • **9.** f. • **10.** d.

Activité 7

• **1.** i. • **2.** g. • **3.** j. • **4.** a. • **5.** e.
• **6.** d. • **7.** b. • **8.** c. • **9.** f. • **10.** h.

Activité 8

• **1.** g. • **2.** b. • **3.** h. • **4.** a. • **5.** l.
• **6.** k. • **7.** i. • **8.** e. • **9.** c. • **10.** d.
• **11.** f. • **12.** j.

Activité 9

• **1.** e. *h.* • **2.** a. *i.* • **3.** c. *e.* • **4.** g. *b.*
• **5.** i. *c.* • **6.** h. *j.* • **7.** d. *g.* • **8.** j. *d.*
• **9.** f. *a.* • **10.** b. *f.*

Activité 10

• **1.** Luna • **2.** chaud, glacé • **3.** thé au lait, thé au citron • **4.** 600 yens • **5.** 400 yens • **6.** jambon, fromage, mixte • **7.** 800 yens • **8.** 350 + 600 + 700 = 1650 yens • **9.** votre choix ! • **10.** parfait, apple pie

Activité 11

- 1. Toyota® • 3. Casio® • 5. Sanyo®
- 2. Sony® • 4. National® • 6. Mitsubishi®

Activité 12

- 1. 1er, 3e, 5e • 2. 2 e
- 3. imprimantes, logiciels • 4. 5 e
- 5. télévisions, matériel vidéo, disques laser
- 6. 1er • 7. rez-de-chaussée
- 8. 2 : sous-sol, rez-de-chaussée
- 9. fax • 10. sous-sol

Activité 13

- 1. c. : livre anglaise
- 2. a. : peso philippin
- 3. f. : euro (Italie,)
- 4. b. : dollar américain
- 5. d. : baht thaïlandais
- 6. e. : roupie indienne

Activité 14

- 1. Amérique, dollar
- 2. Europe, euro
- 3. Angleterre, livre
- 4. Suisse, franc
- 5. Canada, dollar
- 6. Mexique, peso
- 7. Australie, dollar
- 8. Nouvelle-Zélande, dollar
- 9. Afrique du Sud, rand
- 10. Arabie saoudite, rial
- 11. Inde, roupie
- 12. Thaïlande, baht
- 13. Singapour, dollar
- 14. Malaisie, ringgit
- 15. Indonésie, roupie
- 16. Philippines, peso

Activité 15

- 1. Macdonald's® • 2. karaoké
- 3. soldes pour l'ouverture d'un magasin
- 4. vidéos et livres • 5. recycler
- 6. un restaurant de curry
- 7. Saint-Valentin • 8. bière • 9. dessert
- 10. E-mail • 11. piano • 12. Toyota®
- 13. single malt • 14. vin
- 15. sapin de Noël
- 16. La Pianiste©. Isabelle Huppert, Benoît Magimel, Annie Girardot

Chapitre 10 (p. 157-183)

Activité 1

I. • a. livre • b. lire • c. dire

Activité 2

I.
- a. boire• (1)
- b. personne (3)
- c. œil (3)
- d. entrer (2)
- e. thé (5)
- f. pratique, courrier (1)
- g. grand (1)
- h. sortir (2)
- i. temps (2)

III. D. • 1. e. • 2. g. • 3. f. • 4. d. • 5. a. • 6. c. • 7. b.

V. C • 1. f. • 2. c. • 3. a. • 4. d. • 5. g. • 6. e. • 7. b.

Activité 3

I.
- a. Osaka
- b. Tokyo
- c. Sapporo
- d. Kyoto

III. B.
- 1. nuageux puis ensoleillé
- 2. ensoleillé puis nuageux
- 3. par alternance ensoleillé et nuageux
- 4. pluvieux puis nuageux

C.
- 1. deux villes parmi Nagoya, Fukuoka, Sapporo
- 2. Kobe, Nara

IV. A.
- 1. Nord
- 2. Sud
- 3. or ou vendredi
- 4. terre ou samedi
- 5. lune ou lundi
- 6. feu ou mardi
- 7. eau ou mercredi

C. • Le temps est partout nuageux puis ensoleillé.

D. • 1. par alternance nuageux et ensoleillé
• 2. par alternance ensoleillé et nuageux
• 3. par alternance nuageux et pluvieux
• 4. par alternance nuageux et ensoleillé
• 5. par alternance ensoleillé et nuageux
• 6. nuageux

E. • Dimanche, dans le nord de Kyoto et de Shiga.

V. A. • Le 28, à 21h00.

B. • 1. ensoleillé ou beau
• 2. nuageux / nuage
• 3. pluie • 4. tonnerre
• 5. neige

VI. A. • a. le 29 • d. beau, ensoleillé
• b. nuage • e. temps
• c. haut, élevé • f. au-dessus

Activité 4

I. • a. nouvelle année • i. aller
• j. penser
• b. clair • k. rencontrer
• c. main • l. apprécier
• d. lire • m. esprit
• e. précédent • n. année
• f. Japon • o. aube
• g. œil • p. Katayama
• h. temps • q. Mayuko

VII. L'ordre est :
• g. • d. • b. • i. • e. • a. • c. • f. • h.

Activité 5

I. • a. montagne • e. jour
• b. voir, regarder • d. matin
• c. nuage • d. fleur

IV. **Proposition de traduction**

• Fleurs de cerisiers, fleurs de cerisiers /
• Dans la campagne ou dans ma ville /
• Je contemple une scène sans fin /
• Pareilles à de la brume ou à des nuages /
• Vous embaumez /• Dans le soleil du matin / • Fleurs de cerisiers, fleurs de cerisiers /• En plein épanouissement

Activité 6

I. A. • a. bleu, vert • c. milieu
• b. rizière • d. un

• La fraîcheur...
• Au milieu de la rizière
• Un seul pin. Shiki

II. A. • a. vieux • b. eau • c. bruit

• Dans le vieil étang
• Une grenouille saute
• Bruit de l'eau. Bashō

III. A. • a. vent • b. eau • c. bleu

• Brise du soir,
• La rivière le ruisseau se divise
• Autour des pattes du héron bleu
Buson

IV. A. • a. voyage • b. homme • c. aiguille

• Une nuit d'automne
• Un voyageur occupé
• À raccommoder. Issa

Index des kanji

Nous avons classé les principaux caractères par nombres de traits. Les lectures on *figurent en majuscules et les lectures* kun *en minuscules*

1 trait

2 traits

3 traits

4 traits

5 traits

6 traits

7 traits

8 traits

9 traits

10 traits

11 traits

12 traits

13 traits

14 traits

16 traits

Lexique japonais-français

Ce lexique vous donne les significations des termes en contexte.
Nous vous indiquons la première occurrence de chaque terme.

Lexique français-japonais

Ce lexique vous donne les significations des termes en contexte.
Nous vous indiquons la première occurrence de chaque terme.

D

E

Q

R

S

推薦図書 – Bibliographie

De nombreux ouvrages vous permettront de poursuivre votre apprentissage du japonais écrit. Nous vous proposons ci-dessous une liste non exhaustive de livres, de sites Internet et de logiciels.

Livres

1. Les kana

- Rouillé (N) et Raimbault (I), *Kakikata : Écrire en japonais*, Éditions Ellipses Marketing, 2005. Petit livre sous forme de bloc notes, sur lequel on s'exerce à l'écriture.

2. Les kanji

- Hadamitzky (W) et Durmous (P), *KANJI ET KANA. Manuel de l'écriture japonaise et dictionnaire des 1945 caractères officiels*, Éditions Maisonneuve Paris, 1988, (Réimpression, 2002). Ce livre, qui présente les 1945 kanji officiels, constitue LA référence.

3. Langue écrite

- Rouillé (N) et Raimbault (I), *Banzai - Méthode de japonais*, Editions Ellipses Marketing 2003. Méthode claire et vivante expliquant les systèmes d'écriture et de nombreux points de grammaire sans oublier l'aspect culturel.
- Bernabé (M) et Thévenon (A-S), *Le japonais en manga : Cours élémentaire de japonais au travers des manga*, Éditions Glénat, 2005. Pour apprendre le japonais de façon ludique.
- Ferragut (P), *Japon, au pays des onomatopées tome 1 et 2*, Le Japon en poche, Éditions Ilyfunet, 2003 et 2004. De superbes illustrations, dessinées par l'auteur, et un texte regorgeant de données culturelles explicitent les onomatopées.

4. Magazines

N.B. Il est important d'avoir de bonnes connaissances en anglais.

- *Hiragana Times*, revue mensuelle bilingue anglais-japonais. Tous les textes sont traduits en anglais, et tous les kanji sont dotés de furigana. (www.hiraganatimes.com)
- Tous les sites des grands quotidiens : *Asahi Shimbun, Daily Yomiuri* ou *Yomiuri Shimbun, Mainichi Shimbun* (en anglais ou en japonais).

5. Dictionnaires

Dictionnaires de kanji (en anglais uniquement)

- Nelson (A,N). *Original Modern Reader's Japanese English Character Dictionary*, Classic Edition, Éditions Tuttle, 1995 (2e édition). Le Nelson. LA référence !

Dictionnaires français-japonais et japonais-français

- LAMANT(J-Y) et TAKEUCHI (F), *Diko - Le petit Fujy*, Éditions KOTOBA, 1989, (6e édition 2002). Dictionnaire de poche français-japonais et japonais-français. avec transcriptions en rōmaji.
- *Hakusuisha Larousse dictionnaire francais – japonais*, Éditions Hakusuisha, Tokyo, 2001.
- *Dictionnaire japonais-français CONCORDE*, Éditions Hakusuisha, Tokyo, 1990.

Dictionnaires électroniques

- Les modèles XD-LP7200 de Casio ou SR-V4700FR de Seiko ou encore le Canon Wordtank Super Electronic Dictionary.

Sites Internet

Voici quelques sites très intéressants :

1. Un dictionnaire de kanji en français et de nombreux liens : kanji.free.fr
2. Un site en français pour réviser les kanji : www.Japanese-kanji.com
3. Japanese Writing Tutor Site : members.aol.com/writejapan/ – Excellent site pour apprendre à tracer les caractères.
4. La page de Jim Breen : www.csse.monash.edu.au/~jwb/japanese.html.

Logiciels

- Désormais Windows prend en charge le japonais, grâce à l'Input Method Editor, et permet de saisir du texte en japonais sans avoir besoin de Windows japonais !
- NJStar : logiciel de traitement de texte très pratique pourvu d'un dictionnaire de termes et de kanji très utiles. wwwnjstar.com/njstarjapanese/
- Nippofile : logiciel d'aide à la lecture du japonais sur CD ROM ; dictionnaires, recherche de kanji et traduction automatique. Fonctionne sous Macintosh. Contact : sylvain.meyer@wanadoo.fr

Organismes japonais

- Le site de l'ambassade du Japon en France vous propose des liens vers de nombreux organismes tels La Maison de la Culture du Japon à Paris, l'Office National du Tourisme Japonais ou encore le JETRO : www.fr.emb-japan.go.jp.

Achevé d'imprimer en août 2015
par Unigraf S.L. (Espagne) N° de projet: 1131488-317087/01